华章经典·金融投资

格雷厄姆成长股投资策略

BENJAMIN GRAHAM AND THE POWER OF GROWTH STOCKS

Lost Growth Stock Strategies from the Father of Value Investing

[美] 弗雷德里克·K.马丁　尼克·汉森　斯科特·林克　罗布·尼可斯基 著　周立秋 译
FREDERICK K. MARTIN　NICK HANSEN　SCOTT LINK　ROB NICOSKI

机械工业出版社
China Machine Press

图书在版编目（CIP）数据

格雷厄姆成长股投资策略 /（美）弗雷德里克 • K. 马丁（Frederick K. Martin）等著；周立秋译 . —北京：机械工业出版社，2020.8（2025.7重印）

（华章经典 • 金融投资）

书名原文：Benjamin Graham and the Power of Growth Stocks: Lost Growth Stock Strategies from the Father of Value Investing

ISBN 978-7-111-66200-6

I. 格… II. ①弗… ②周… III. 股票投资 – 基本知识 IV. F830.91

中国版本图书馆 CIP 数据核字（2020）第 145638 号

北京市版权局著作权合同登记　图字：01-2020-3409 号。

Benjamin Graham and the Power of Growth Stocks: Lost Growth Stock Strategies from the Father of Value Investing.

ISBN 987-0-07-175389-0

Original edition Copyright © 2012 by McGraw-Hill Education.

All Rights reserved. No part of this publication may be reproduced or transmitted in any form or by any means, electronic or mechanical, including without limitation photocopying, recording, taping, or any database, information or retrieval system, without the prior written permission of the publisher.

This edition is authorized for sale in the Chinese mainland (excluding Hong Kong SAR, Macao SAR and Taiwan).

Simple Chinese Translation edition copyright © 2020 by China Machine Press. All rights reserved.

版权所有。未经出版人事先书面许可，对本出版物的任何部分不得以任何方式或途径复制或传播，包括但不限于复印、录制、录音，或通过任何数据库、信息或可检索的系统。

此中文简体翻译版本经授权仅限在中国大陆地区（不包括香港、澳门特别行政区及台湾地区）销售。

翻译版权 © 2024 由机械工业出版社所有。

格雷厄姆成长股投资策略

出版发行：机械工业出版社（北京市西城区百万庄大街 22 号　邮政编码：100037）			
责任编辑：李　昭		责任校对：殷　虹	
印　　刷：北京富资园科技发展有限公司		版　次：2025 年 7 月第 1 版第 7 次印刷	
开　　本：170mm×230mm　1/16		印　张：17	
书　　号：ISBN 978-7-111-66200-6		定　价：69.00 元	

客服电话：(010) 88361066　68326294

版权所有 • 侵权必究
封底无防伪标均为盗版

| 译者序 |

在本书翻译过程中，因为新冠疫情暴发，全球股市接连熔断崩盘。股市危机的发生再次告诫投资者：市场动荡随时可能发生，我们的每一笔投资都要留有安全边际。

在1929年股市崩盘中，一位年轻气盛的投资者毫不注意安全边际，反而高位建仓，暴跌之后加杠杆补仓，失去流动性后平仓割肉，最终走到了破产的边缘。

这位年轻人就是格雷厄姆。很多人因此否定格雷厄姆的思想理论，殊不知，格雷厄姆的主要投资哲学正是在他破产之后（1932年以后）的痛苦反思和投资实践中形成的，可以说安全边际原则和"市场先生"的论断其实就是格雷厄姆自身投资血淋淋的教训总结。

格雷厄姆的投资生涯一直持续到20世纪50年代。在此后的投资中，格雷厄姆开始注重安全边际，同时，他还爱上了成长的力量。正因如此，他的财富轨迹在人生的下半场实现了华丽转身。

尘封的秘密：价值投资之父最大的财富来自成长股投资

格雷厄姆一直是"价值投资"的代名词，是典型的"烟蒂"投资者。但很少有人知道，这位"价值投资之父"人生中最大的财富竟然来自成长股投资。

那时，格雷厄姆用其1/4的资产以每股27美元的价格买入大量盖可保险的股票，之后的几年里盖可股价一路飙升至54 000美元。这笔投资为格雷厄姆带来人生中最大的获利。虽然他后半生的持仓和财富数据已无可查证，但查理·芒格在斯坦福大学法学院演讲时曾提到，格雷厄姆"对赚钱不那么用心，去世时却腰缠万贯"。

格雷厄姆的投资实践及其关于成长股的论述也表明他是一位名副其实的成长型投资者，他爱上"成长"的原因和20世纪50年代美国成长股的表现及其投资实战经历有关。他曾在自己的著作《证券分析》中有如下精彩的论断："为优质股票支付过高的价格并不是普通证券购买者面临的主要风险……投资者的主要损失来自（在有利的商业环境下）购买的证券质量太差。"通过这句话我们看到格雷厄姆对"优质"价值的认可。在该书中，格雷厄姆还总结了自己对优质公司的判断标准和安全边际计算的经验公式。不幸的是，这个关于"成长型股票估值的新方法"的关键内容在1962年版《证券分析》第39章露面之后就"销声匿迹"了。此后无数仰慕格雷厄姆智慧的投资者都与该模型失之交臂。

本书作者弗雷德里克·K.马丁在其30余年的投资生涯中，利用格雷厄姆估值公式，恪守格雷厄姆的成长股投资策略，实现了连续30余年两位数的年化收益。在本书中，马丁分享了基于格雷厄姆估值公式的投资方法，并完整再现了投资经典中失落的篇章，这对整个投资界来说实在是功德无量。

经典重现：格雷厄姆估值公式让投资者不再雾里看花

"安全边际 = 内在价值 – 交易价格"这个公式很简单，但投资者还是很疑惑，疑惑的核心是公司内在价值的评估。巴菲特强调，公司的内在价值是公司终其一生所创造的自由现金流折现之和。但自由现金流估值法计算过程中的变量太多，普通投资者难以把握。在格雷厄姆时代，有众多投资家提出了多种估值模型，同样也都十分复杂。这些公式的问题在于，变量太多难以把握，投资的世界也没有那么精确。为了做好投资决策，我们只需要大致了解公司的内在价值即可。

基于大量研究对比，格雷厄姆总结出了一个简洁、易用的估值模型：公司当下的每股内在价值 =（8.5+2× 增长率）× 每股收益。这个公式消除了许多诱人但不相关的变量，让投资者关注他们应该关注的重点：公司主营业务的质量、盈利增长以及未来价值。

对于成长型公司的估值，在上述估值框架的基础上，格雷厄姆还提出了一个估值决策的时间框架（7～10年）。通过格雷厄姆估值公式，投资者可以将自己从纷繁的信息中解放出来，让自己集中于两个重点：了解公司的经营状况、建立一个合理的7年预期。在此基础上，投资者就可以算出未来经历7年成长后的公司的内在价值。

由此，本书又提出了另外一个常常被投资者忽略的问题：为自己的投资设定一个最低预期收益率。根据未来7年的内在价值评估，投资者可以推导出这只股票的最高买入价。有了这个最高买入价的限制，投资者就有了投资的"底线"，这个底线的保守和坚固程度是投资者拥有安全边际、在未来收益有所保障的根本。

建议投资者根据本书的建议，务必为自己设定一个最低预期收益率，同时，也是最重要的是，在任何情况下都不可以改变。

成长股安全边际的核心因子是优质的成长基因：可持续竞争优势

在实践中，价值型公司的投资者往往把支付价格作为安全边际的主要变量，这种做法是正确的。但对于成长型公司来说，公司未来的价值远比公司眼前的价值重要。格雷厄姆解释说："投资成长型股票的理念在一定程度上与安全边际原则相似，也在一定程度上违背了这一原则。成长型股票买家依赖的是公司的预期盈利能力高于过去的平均水平。在计算其安全边际时，他可能会用这些预期收益来代替历史业绩。"

这里格雷厄姆提醒投资者，在评估成长股的安全边际时，有必要将公司的未来价值考虑进来。成长股最大的安全边际来自优质公司未来价值的成长。什么样的公司才算是优质的公司，什么样的成长能够为投资者创造最大的安全边际呢？

显然，本书没有止步于对格雷厄姆投资策略的解释，马丁在格雷厄姆提出的可持续竞争优势及其他增长驱动因素的基础上进一步发扬光大，他结合自身30余年的投资经历提出了一种更加细致的策略，即通过利用市场对公司价值的错误评价，为投资提供安全边际的同时提高收益。马丁同时警告投资者，要小心那些美妙的神话以及无法创造投资资本回报率和自由现金流的糟糕增长。

沃伦·巴菲特说："投资的关键，不是评估一个行业将怎样影响社会，或者它将增长多少，而是确定一家公司的竞争优势，尤其是这种优势的持久性。"可持续竞争优势在本质上是结构性的，它根植于公司底层的防御性商业模式。

防御性商业模式、可持续竞争优势主要体现在哪些方面呢？本书重点强调了：①竞争壁垒——监管壁垒、资产壁垒、规模壁垒；②客户忠诚度——硬性转换成本、软性转换成本、网络经济。对于每一个关键词的内涵，本书分别列举了典型的上市公司作为说明，让投资者一目了然。本书还强调，公司的竞争优势需要勤奋进取、和股东利益一致的管理层来不断加强。本书用了较大的篇幅强调了股东利益一致性的重要性，投资者要投资的应是管理层和股东利益一致的公司。

成长股投资，无为胜有为

基于对价值股和成长股投资优劣势的分析，本书提出了自己的观点：成长型公司比价值型公司有更大的长期回报潜力。成长股投资意味着更少的决定和更少的交易。要想从成长型公司的投资中获得满意的复合回报，你需要有耐心。你不必像对待价值型公司那样，总是押注于随机的、短期的市场波动，相反，你要依赖的是市场的长期效率。投资成长型公司，时间是你的朋友。只要公司的发展持续向好，股市最终会让你的等待变成价值。这正是"无为"的境界。

那么，在投资实践中如何才能做到简单呢？结合在翻译中的感悟，我的总结是：

1. 使用格雷厄姆估值公式，这种估值方式比其他方法简单、易用，同时让投资者的精力更加聚焦到公司的经营层面。
2. 对优质的成长型公司，投资者只要坚持"在有安全边际的价位买入，达不到最低预期收益不出手"的原则，投资就不容易出错，而且有更大的机会获得长期投资成功。
3. 只要按照本书的步骤，排除市场噪声，长期坚守，投资就可以很简单。格雷厄姆在投资盖可保险时，摒弃了年轻时频繁操作的风格，耐心持股，后来股价一路飙升了200多倍。

本书作者马丁践行格雷厄姆的安全边际原则与成长股投资策略，为客户创造了连续30多年两位数的平均回报率。我本人也因长期持有平安、腾讯、隆基等优质公司的股票而在无意中获益，因此对这种"无为"的投资也深有感触。在2020年2月底新冠肺炎疫情席卷全球之时，全球股市暴跌，我和团队却兴奋地冲进了市场。我当时撰文写到：真正的价值投资者，真正忠于价值的投资者，真正想着要为自己、客户创造绝对收益的投资者，他们的头脑比较简单，不会想那么多，他们就是要在具有安全边际的时候买入更多优秀的公司，然后耐心等待价值之花盛开、结果。

市场的美妙在于每个人都可能成功，但长期持续的成功需要一套有效、系统的投资方法。本书对价值投资哲学的理解以及对格雷厄姆投资策略的深度解析，可以帮助个人投资者发现高质量的公司，并在有利的价位买入，最终在一个充满噪声和危险的环境中实现投资的成功。专业的基金经理也可以通过阅读本书提高个人的专业能力。本书在阐述"如何为成功投资成长股制定一个全面而细致的策略"的同时，还融入了大量的实战案例，就像一部经典的价值投资实战手册，可以指导投资者建立有效的长期投资策略。

就在本书即将出版之际，我站在阳澄湖畔，望着波光粼粼的湖面，想到失传了数十载的经典将重现，想到这本闪耀着价值投资鼻祖智慧光芒的经典华章将继续泽被后世，不禁心潮澎湃、感慨万千。

感谢机械工业出版社编辑老师的信任，让我有幸在系统阅读马丁先生英文原著的同时，有机会深入地思考格雷厄姆投资哲学的精髓！

感谢巴菲特读书会秘书处金茜、殷蕾在翻译及校对过程中给予的帮助和支持！

由于译者水平有限，翻译难免有不当之处，诚恳欢迎读者批评指正。

巴菲特读书会创始人 周立秋
2020年春于昆山阳澄湖畔

| 推荐序 |

我第一次见到弗雷德⊖·马丁是在30多年前的1979年,那时我还是明尼阿波利斯市一家神经诊所的行政助理,他是当地一家公司年轻的职业投资经理。当时我们诊所正在为我们的养老基金物色新的投资经理,我的任务是提名候选人,并做出最后的推荐。我们邀请了几位经理来路演,弗雷德是其中的一位。

大多数投资经理都是有备而来的,通过巧妙的多媒体演示以及精美的图表展示他们的投资经验,而弗雷德什么都没有。他走进会议室,坐了下来,开始认真地谈论他的投资哲学。他看起来一点儿也不圆滑,但他拥有其他投资经理都没有的东西——务实。就如何管理我们的养老基金并实现增值,他向我们做了详尽的解释。

在初选结束后,我说出了自己的推荐意见,医生们都感到非常惊讶:为什么是弗雷德?为什么不是那些更精明的候选人?弗雷德身上有一种诚实、正直的品质和从容的自信,这是他与众不同的地方。我为自己的决定辩护,不想让步。从1980年开始,弗雷德正式受聘管理我们的养老

⊖ 弗雷德是对弗雷德里克的昵称。

基金。

刚开始，我们要求他每月来给我们做一次报告。过了几年，随着对他管理能力的信心增强，我们逐步降低了报告的频率，先是减少为每季度一次，然后是每年一次。近年来，我们已经没有人邀请他来开会。当然，我们的投资收益不言自明。

1980年，当他接手管理我们的账户时，账户资产总额为841 338美元。从那以后，我们补充过一些资金进去，也撤回过一些资金，累计增加的资金为967 943美元。这样算下来，我们的本金总共为180万美元左右。在弗雷德的管理下，截至2011年4月30日，我们的账户资产总额已经增长到9690万美元——增长超过5000个百分点。弗雷德是把养老基金当作一个平衡账户来管理的，配置的资产有股票，有债券。在此期间，该账户的年复合收益率为13.8%，其中股票部分的年复合收益率为16.1%。这个成绩着实令人吃惊，同一时期标准普尔500指数的年增长率仅为11.4%。

聘请弗雷德的事情定下之后，一切就顺理成章了。他总是会告诉我们他的想法和接下来的计划，然后他就按照和我们沟通的那样去执行。所见即所得，他言行一致，我们对他充满信心——当然，这不是说我们还有其他人选。弗雷德明确表示，他只与那些有耐心、有信心让他完成工作的客户打交道。如果你总是不断地猜疑他，他可能会不爽，你可能很快就需要另请高明了。

时间长了，我们从一开始单纯的业务关系慢慢地发展出了个人友谊。几年前，我在55岁时打算退休，弗雷德说服了我，让我改变了主意。他说我有一种特殊的天赋可以有机会为社会做更大的贡献，这是其他人没有的。我接受了他的建议，并继续我的职业生涯，至今一刻都没有后悔过。

日复一日，年复一年，在看到我们的投资组合在弗雷德的操作下不断创造出惊艳的业绩之后，我特别想读这本书，看看他到底是如何施展魔法的。通过我们基金投资组合的建立过程和业绩表现，我已经很清楚弗雷德是一个富有耐心和高度自律的人，但我想了解更多。我想了解他从本杰明·格雷厄姆那里学到的股票估值公式，我想学习选股、安全边际以及他判断一家公司是否具有可持续竞争优势时考虑的因素。我想学习成功投资必需的耐心、坚持和自律，以及如何应对那些可能影响投资决策的挑战。对他的思路我想我已经很熟悉，但现在我还是想看看细节，然后确切地找到答案——看看他到底是如何将我们的养老基金账户净值从180万美元变成9690万美元的。弗雷德·马丁有很多经验智慧，今天他终于有机会用文字表达出来，让全世界都看到，真为他高兴。

克雷格·R. 华夫伦

主任

诺兰神经诊所

致 谢

我要感谢很多人:

本杰明·格雷厄姆和沃伦·巴菲特。感谢本杰明·格雷厄姆在投资理论方面的开创性工作以及他对投资行业的热爱;感谢沃伦·巴菲特在许多著作中如此坦率地分享他的投资方法。

感谢我的同事尼克·汉森、斯科特·林克和罗布·尼可斯基。尼克是本书第1章的撰稿人,是一个前途光明的年轻人。感谢斯科特撰写了第7章的内容,他是一名出色的分析师,在这方面他的能力非常突出。罗布,第6章的撰稿人,他在投资工作中将缜密的逻辑和个人思想完美地结合。这些章节中的内容我大部分都没改过。

吉恩·瓦尔登。吉恩帮我完成了这本书。他不仅帮我写了本书的许多内容,还担任本书的编辑。最重要的是,在我看不到终点,中途准备放弃写这本书的时候,是他鼓励我坚持下去。

丹尼斯·塞内塞斯、保罗·贝克尔和布拉德·安德森。丹尼斯很早就向我展示了系统分析公司的可能性。他还教导我要以不同于他人的方式思考世界。保罗·贝克尔教我四处寻找好点子，并在所有点子上应用同样的原则。布拉德教我要对股票的整体环境做深入思考。

约翰·帕克，已故。约翰是我的客户，也是我最亲密的导师。他是我见过最好的自然风险管理专家。

克雷格·R. 华夫伦。克雷格为这本书写了推荐序，他是我们客户中的优秀代表。

我的哥哥**弗兰克**。他向我展示投资方式不止一种。

罗伯特·巴斯。罗伯特是这本书的发起人，我的遗愿清单上本来没有写书的想法。

埃文·阿尔梅洛斯。埃文利用自己的创意和技巧做出了易于理解的图表。一张图胜过千言万语，埃文可能是本书中最多产的作者！

DGI 的所有员工。他们在本书出版的过程中展示了自己优秀的才能和奉献精神，让我倍感欣慰。

还有 DGI 的众多客户，在此不一一介绍了。是他们给了我们机会，让我们将信念转化为行动，并从中获得知识、收获成长。

吉姆·多比什。吉姆的任务是教我驾驶涡轮螺旋桨飞机和喷气式飞机，这是一项很折磨人的工作。之后他又有风度地做了我的飞行员伙伴。除了教我高超的飞行技巧，他还教我如何将安全边际应用于飞行。

我的妻子苏。她是我翅膀之下助我飞翔的风，感谢她默默的支持和陪伴。

目 录

译者序
推荐序
致 谢

第1章 本杰明·格雷厄姆和价值型投资的演变 / 1
格雷厄姆的方法论 / 3
成长型投资者格雷厄姆 / 5
巴菲特与格雷厄姆 / 8
源于实践的哲学 / 10

第2章 价值与成长 / 12
成长型公司和成长型投资者 / 14
价值型公司和价值型投资者 / 14
成长股和价值股 / 14
如何通过投资价值型公司获利 / 16
如何通过投资成长型公司获利 / 17
成长型公司与价值型公司的通病 / 18
投资价值型公司所面临的挑战 / 19
投资成长型公司的特殊挑战 / 22
复利的力量 / 25
投资者应该设定一个目标收益率 / 27
业绩评价：我的业绩表现如何 / 30

长期回报的挑战：再投资率 / 33
　　　股息增长：鱼与熊掌可以兼得 / 38
　　　关键决策的力量 / 39

第 3 章　格雷厄姆估值公式 / 48
　　　神秘公式 / 50
　　　其他的估值公式 / 51
　　　估值模型的两个缺陷 / 53
　　　计算当前价值 / 55
　　　计算未来价值 / 58
　　　格雷厄姆送给成长型投资者的礼物 / 60

第 4 章　投资决策的力量 / 78
　　　汽车和股票的区别 / 80
　　　设定买入价 / 82
　　　波动性：市场送来的礼物 / 90
　　　波动性有利于成长股的投资 / 94
　　　为什么要急着全仓买入 / 98
　　　思科的传奇 / 99

第 5 章　为成长股建立安全边际 / 103
　　　待在安全区内 / 108
　　　成长型投资就像飞行驾驶 / 118

第 6 章　伟大的成长型公司的特征：拥有确定的持续竞争优势 / 122
　　　防御性商业模式 / 124
　　　可持续竞争优势 / 124
　　　投资资本回报率 / 141
　　　关于竞争优势的神话 / 143
　　　正在消散的竞争优势 / 146
　　　卓越的运营 / 146
　　　机遇的潮汐：水大鱼大 / 150

避开"糟糕"的增长 / 155
线性增长的陷阱 / 156
精确的误区 / 156
为了股东利益最大化 / 157
管理层的承诺 / 157
享受时间的价值 / 166

第 7 章　跳进战壕：把理论付诸实践 / 167
苹果公司 / 168
拉夫·劳伦 / 184
McLeodUSA / 189
Plexus 公司 / 192
美得彼集团 / 199
不要苛求完美 / 206

第 8 章　少数人的荣耀：为什么很少有人使用格雷厄姆的原则和方法 / 207
为客户创造价值，而不只是拥抱指数 / 218
双光眼镜或双筒望远镜 / 219
如果你想击中目标，那就先去练习靶场 / 222
白忙也是有价值的 / 225

第 9 章　如何从这本书中学到最多 / 229
对于学生 / 231
对于个人投资者 / 231
对于投资专业人士 / 233
对于公司高管 / 235
对于市场专家 / 236
把理论付诸实践 / 237
每个人都可以获得投资成功 / 245

附　录　把你的钱租出去 / 246

关于作者 / 256

| 第 1 章 |

本杰明·格雷厄姆和价值型投资的演变

本杰明·格雷厄姆的投资生涯跨越了半个多世纪，在如何分析、买入和卖出股票方面，他的影响力超过了股票交易史上的任何一位投资者。在他那个时代，投资股票还是只属于少数顶尖富人的游戏，格雷厄姆通过实践，把投资股市变成了一项几乎所有上班族和拥有退休储蓄账户的人都可以参与的大众投资。作为一名教授、作家和股票市场投资者，格雷厄姆将股票市场投资从一种基于直觉、情感和冲动的狂热投机活动，转变为一种基于严格公式、谨慎分析和系统择时的严谨科学。

格雷厄姆于1976年去世，享年82岁。他被称为"华尔街教父""证券分析之父"和"价值投资之父"。作为一名作家，1934年，他与戴维·多德（David Dodd）合著出版了《证券分析》(Security Analysis)，1949年他出版了《聪明的投资者》(The Intelligent Investor)。他在这两本最成功的投资著作中阐述了自己的方法论，今天这两本书还在定期再版，而且非常畅销。

巴菲特在自立门户之前曾师从格雷厄姆20余年。知道这一点，我们就能够理解格雷厄姆对金融界的影响了。

格雷厄姆对价值型投资（简称价值投资）的贡献广为人知，他创造了一种基于严格分析、在股价低于其内在价值时买入并在获得合适回报后卖出的投资方法。

格雷厄姆有一个秘密，至今被投资界忽视。虽然格雷厄姆的名字几乎等同于价值投资，但在其职业生涯后期，他也开始认识到成长型股票（简称成长股）的投资价值。他甚至在1962年出版的《证券分析》一书内"成长型股票估值的新方法"（Newer Methods for Valuing Growth Stocks）一章中，专门阐述了一个用于成长型股票投资的公式和方法。很不幸的是，尽管《证券分析》在1988年、1996年和2009年陆续再版，但这一部分内容均被省去。

被删除的原因不得而知——奇怪的是，这个决定是在1976年格雷厄姆去世之后很久做出的。本书的第 3 章重现了这一章节。先不管遗漏的原因是什么，在过去 20 年里，读过新版《证券分析》的投资者都与格雷厄姆的一个最重要的投资观点失之交臂。

这本书的主要目的是"揭秘"曾经失传的格雷厄姆公式和方法论，以便投资者（无论是普通个人还是专业人士）能够学习到格雷厄姆在分析和购买成长型股票方面的观点并为自己所用。我认为自己是一个幸运的投资经理，我在职业生涯的早期就看到了格雷厄姆公式，并通过应用取得了巨大的成功。

格雷厄姆的方法论

格雷厄姆的投资哲学根植于两个重要的前提：①证券的分析应该独立于其价格进行；②未来是不确定的。因此他建议：聪明的投资者应该以低于评估价值的价格购买一种证券，以此构建一种安全边际，保护投资不受损失。风险和投资收益取决于分析的质量和"安全边际"。

在牢牢把握这些原则的基础上，他为专业投资者和普通投资者撰写了一系列关于成功投资的论著。在《证券分析》中，他强调的是在选择投资标的时应当把握的重点和技巧。《聪明的投资者》是格雷厄姆最有影响力的作品，曾让格雷厄姆一举成名，在这本书里他阐述了他的投资哲学，并把焦点放在了投资者本身。

如果说格雷厄姆作品的力量来自其理论基础所揭示的简明扼要的真理，那么它永恒的影响则来自格雷厄姆在其基础上构建的投资艺术。他的投资哲学并非在学术真空中构建，而是源自其多年"艰苦"的实战经验。

格雷厄姆 1894 年出生于英国，次年随父母移居美国，他的父亲在美国开了一家进口公司，但是生意失败了。当格雷厄姆还是个孩子的时候，他的父亲就去世了。1907 年，突如其来的一场经济危机又使他母亲所剩无几的积蓄化为乌有。学生时代的格雷厄姆表现出色，后来考入哥伦比亚大学，并在20岁时以致辞学生代表的身份毕业。哥伦比亚大学向他提供了一份教授数学、英语、希腊语和拉丁哲学的工作，但他拒绝了，他转而走向了华尔街，以追求自己的财富梦想。1914年，他开始为纽伯格-亨德森-劳伯证券公司工作，并在公司内迅速晋升。五年内，他每年赚了50多万美元——在1919年，对于一个25岁的年轻人来说，这可是一笔巨款。

但这种好运并没有持续太久。20世纪20年代，杰罗姆·亨德森（Jerome Henderson）和格雷厄姆成为商业伙伴。但在接下来1929年的股市崩盘中，他们几近失业。在朋友们的帮助下，他们出售了大部分个人资产，才得以重操旧业，从头开始。早期的这段错误带来的经验教训，塑造了格雷厄姆后来的投资哲学。

格雷厄姆一直工作到20世纪50年代，写作一直持续到20世纪70年代，在此期间，他经历了现代史上最严重的股市价格波动和经济动荡。同时，他在后续出版的作品中进一步完善了自己的理解和洞见。他是一位成功的实践者，也是一位生活在非凡时代的杰出思想者，他给我们留下了有史以来最重要的投资著作。

格雷厄姆不仅是一位开创性的投资经理和多产的作家，而且从1928年到1955年，他还在哥伦比亚大学夜校教授金融课程。他其中的一个学生便是沃伦·巴菲特。巴菲特成功说服格雷厄姆等他从哥伦比亚大学毕业后，聘用他在格雷厄姆的投资公司工作。正是在那里，巴菲特学会了关于投资的原则，最终使他成为美国最著名、最成功的证券投资者。后来巴菲特在格雷厄姆的理论成就基础上继续发扬光大。巴菲特曾声称格雷厄姆是他撰写伯克希尔-哈撒韦公司年度报告和年度致股东信的灵感来源。在这些信件中，巴菲特轻松、幽默且真诚地向人们分享了他的智慧与经验。

成长型投资者格雷厄姆

可以这么说，面对众多价值投资信徒，把格雷厄姆描述成一个成长型投资者是需要一点勇气的，甚至可能被认为是"异端邪说"。两种策略的思维逻辑几乎完全相反。价值投资侧重于为流动资产或收益支付较低的价格，以便在不确定的未来面前减少资本风险。而传统成长型投资（简称成长投资）的特点则是，在对公司未来增长带动股价上涨的预期下，投资者愿意为公司的流动资产或收益支付较高的价格。

为了说明这一对格雷厄姆的论断，我们需要对成长型投资和价值型投资的传统观念进行重新梳理。从最简单的意义上说，"价值"代表的是一种购买风格，而不是投资风格。然而，成长和价值这两个术语之间的关系经常被混淆。现在，"价值"思维已是成长型投资理念的一个重要组成部分，这要归功于格雷厄姆和巴菲特。

为了证明这一点，回顾格雷厄姆和巴菲特的作品，思索他们的灵感来源和理念发展，将会有所帮助。

格雷厄姆大学毕业后的第一份工作是在纽伯格-亨德森-劳伯证券公司，他从次级债券推销员做起，很快被提升为统计员。正是这时，他对每项投资背后的原始数据有了新的理解，并对它们产生了兴趣。但直到他的财富几近散尽、生意几乎破产，格雷厄姆才真正开始梳理他的投资哲学，建立他精深的证券分析系统学说。格雷厄姆的不幸是由贷款到期无法追加保证金引起的流动性问题、对"热门"股票过于乐观的投资以及大萧条本身造成的。与此同时，他继续通过证券投资来挣钱，他投资的证券通常收益率较高，他拥有大量非经营性资产或普遍被低估、未被确认或不受欢迎的资产。这些经历形成了他对价格、价值和保守主义的观点，我们在他后来的著作中可以看到这一点。

1929 年至 1932 年的股市崩盘促使格雷厄姆以写作补贴家用。除了《证券分析》和《聪明的投资者》，格雷厄姆还写了不少其他文章、论文和著作。

理解格雷厄姆思想演变的关键在于认识他知识的来源。他在学校接受的是古典文学的训练，而到第 1 版《证券分析》出版时，他已经在证券领域积累了 20 年的实践经验。持续的职业经历和经验积累进一步丰富了他后期的著作。格雷厄姆并没想过要创造一个纯粹的数学概念或投资学理论，他的思想是自下而上、动态发展的，从他的哲学思想中可以看到这种趋势。

投资是否成功以及投资的后续回报，取决于为该项投资支付的价格。对于一家公司的股票来说，市场对其进行投票定价几乎是不可抗拒的——格雷厄姆反对这种观点。20 世纪 20 年代的繁荣、1929 年崩盘期间市场的极度波动，以及随后的复苏和 20 世纪 40 年代末至 50 年代的牛市，这一系列市场的历练和自身家庭的切身经历让格雷厄姆认识到：市场价格往往是非理性的，财富波动会给心理带来影响。这段经历也促成了他的"市场先生"理论。他把股票市场描述为一个双相的（bipolar）商业伙伴，这个家伙每天都来找你报价，会从你这里购买或向你出售股份，如果你拒绝他的报价，他下次一定还会泰然自若地回来。格雷厄姆经常告诫投资者："投资者的主要问题，甚至是最大的敌人，很可能是他自己。"他知道，将价值从价格中分离出来独立看待，说起来容易做起来难，因此他在理论基础上补充了一些实操建议。

格雷厄姆摒弃了把价格当作价值判断的指标，并致力于研究一种逻辑更严谨、更严格的评估投资的方法。他的主要观点——用他自己的话概括为：最重要的投资原则是"安全边际"。他强调：无论你的信息及分析的质量和广度如何，任何股票的未来都是不确定的。因此，投资者必须始终在与评估价值相比有较大低估的基础上进行投资，以对冲预测和评估中不可避免的错误，即以比评估价值低得多的价格进行一项投资。格雷厄姆指出，如果买得便宜（付出的较少），你就不太可能亏钱——你无法控制一项投资的未来，但你可以控制所付的价格。

安全边际的概念暗示，一个人可以独立于市场有效地评估证券的价值。**鉴于过往的经历，格雷厄姆认为未来预期充满了不确定性，相对于无形或不太可靠的价值来源（如未来的盈利增长），他最初对更稳定的价值证据（如可出售的非经营性资产或表外资产）更有兴趣。** 在早期的著作中，他反复强调企业资产的价值，直到职业生涯后期，他才开始专注于评估一家公司的长期盈利潜力。

与其哲学的其他方面一样，格雷厄姆对成长力量认识的不断发展也是实战经验的结果。随着职业生涯的发展，他逐渐爱上了成长的长期力量，在1962年版《证券分析》"成长型股票估值的新方法"一章中，他首次阐明了这一点。在最新版《聪明的投资者》中，格雷厄姆解释道："**为优质股票支付过高的价格并不是普通证券购买者面临的主要风险……投资者的主要损失来自（在有利的商业环境下）购买的证券质量太差。**"

关于成长股最有力的论据来自格雷厄姆职业生涯后期，他那时购买了盖可保险（GEICO）的大量股份。那笔占他当时四分之一左右资产的交易，最终产生的利润超过了他过往所有其他投资的总和。他以每股27美元的价格买入盖可保险的股票，并眼睁睁地看着它在随后的几年里一路飙升至每股54 000美元的水平。尽管格雷厄姆已是"价值投资"的代名词，但他人生最大的获利来自一家成长型公司，这的确有点讽刺的意味。在《聪明的投资者》的结束语中，格雷厄姆写道：

投资成长型股票的理念在一定程度上与安全边际原则相似，但在一定程度上也违背了这一原则。**成长型股票的买家预期未来的盈利能力高于过去的平均水平。因此，在计算安全边际时，他们用预期收益来代替历史收益。**在投资理论中，没有理由认为对未来收益的预期就一定不如历史收益

可靠。事实上，证券分析越来越倾向于强调对未来进行准确的评估。如果对未来的估计是保守的，并且与支付的价格相比显示出令人满意的安全空间，那么成长型股票的投资方法就可以提供与普通投资方法一样可靠的安全边际。

尽管格雷厄姆从未完全支持成长型股票投资，但在他的职业生涯中我们看到，他已经开始意识到这种投资方式的威力。

格雷厄姆的故事先讲到这里，下面我们聊聊沃伦·巴菲特在这方面的探索。

巴菲特与格雷厄姆

在格雷厄姆的公司工作一段时间后，巴菲特于1956年从纽约搬回奥马哈，成立了巴菲特有限合伙公司。最终，巴菲特将该公司与其他几家合伙企业合并，并在1969年将其大部分业务清算。他将伯克希尔剩余的股份和多元零售公司分给了合伙人，并表示自己"在当前市场上已经找不到任何便宜货"。之后，他接管了伯克希尔，并进行了几笔收购，建立了如今被称为伯克希尔-哈撒韦的投资帝国。在最初的合伙公司的头10年，巴菲特的投资增长了1156%，而道琼斯工业平均指数（简称道琼斯指数或道指）仅增长了123%。后来巴菲特运营的伯克希尔-哈撒韦公司的成功同样令人难以置信——从1965年到2009年，其总收益率为434 057%，而标准普尔500指数的总收益率仅为5430%，这相当于公司的复合年增长率为20.3%，而标准普尔500指数的仅有9.3%。

然而，巴菲特并没有完全照搬格雷厄姆的投资观点。起初他更关注传统的价值投资，但随着时间的推移，他开始意识到成长型公司的价值。事实上，巴菲特投资组合中规模最大、利润最高的头寸并非典型的"价值型"股票,而是像可口可乐(Coca-Cola)、盖可保险、宝洁(Procter & Gamble)、美国运通(American Express)和沃尔玛(Walmart)这样的公司,它们都从长期收益增长中获得了巨大的利润。很明显,巴菲特的财富并非通过投资伯克希尔原始的纺织业务获得。

尽管巴菲特坚守格雷厄姆强调的安全边际原则,对标的资产真实价值进行独立分析,但他也开始更加关注标的公司的盈利能力、管理层的竞争力,以及无形资产(如品牌)和其他竞争优势指标。这些与格雷厄姆的原则并不矛盾,它们本身属于一个排列组合。它们代表了投资者对公司价值本质及公司未来保持价值能力不断增长的理解。

对企业价值构成要素的精炼,是巴菲特对格雷厄姆价值哲学的贡献,也是巴菲特在该领域数十年的实践经验所得。巴菲特曾从格雷厄姆慷慨的智慧分享中受益匪浅,他学会了如何自如地理解资产负债表以外的估值。但巴菲特强调使用这一策略务必要保守。格雷厄姆在估值时会剔除无法量化的资产,而巴菲特则对那些有他无法理解的商业模式或产品的公司持怀疑态度。

但两人都认同这样一个观点:投资自己不理解的东西可能导致灾难。这种风险意识与人们普遍的观点形成鲜明对比,人们根深蒂固的观点是:价格波动是一种描述不确定性的总体的、更好的指标——此谓风险。此外,这种基于市场集体评估的风险指标被假定为投资收益的主要决定因素。**格雷厄姆对这一论断提出了质疑,他认为投资者的风险是永久失去资本的可能性**,而且他明确表示,**风险和收益不成正比**,它们总是被错误地相互关联。他说:"人们已经形成了一种普遍的观念,即投资者应该追求的收益率或多或少与他准备进行的投资的风险程度(波动程度)成正比。**我们认为,投资者追求的收益率应该取决于投资者愿意并能够为他的投资付出多少智慧型努力,这与传统的观点恰恰相反。**"

格雷厄姆认识到风险和收益都是智慧型努力的产物,巴菲特则强调任何一个投资者的努力都是有限的，必须合理分配（不能过于分散）。格雷厄姆从未写过很多"买入并持有"策略的文章，而巴菲特通过使用这一策略受益良多，这是因为巴菲特越来越注重抓住长期收益增长的价值。**如果要求投资者每年对他们的投资组合进行重建，他们对所持资产的了解就必然是有限的，因此他们的投资组合风险更大。**同样，在如此短的时间内，投资者不太可能获得长期成长价值的补偿。

源于实践的哲学

格雷厄姆和巴菲特的投资哲学是从实践经验中发展而来的，它并非一个横空出世、一开始就完全成形的完美理论，而是一个在实践中被不断理解、不断总结后成长起来的理论。从这个角度来看，格雷厄姆和巴菲特的投资哲学的发展历程反映出，随着他们经验的增长，他们所吸取总结的教训越来越复杂。有充分的证据表明，该投资哲学在各个方面都是发展变化的。

格雷厄姆的哲学始于一个基本原则：评估证券的基本价值，然后在有安全边际的情况下买入，防止出错。他总是首先分析一家公司最明显、最具体、最有价值的资产——资产负债表的组成部分。随着时间的推移，格雷厄姆认识到可靠的无形资产的价值潜力，比如盈利增长的潜力。巴菲特后来将这一观点进一步发扬光大，他把无形资产细分为品牌、有能力和负责任的管理团队、竞争优势和文化。当能够自如理解并把握价格、价值和不确定性之间的关系后，他们开始进一步提升自己的能力，关注对公司价值影响更加微妙的因素。

他们的哲学经常被投资者误解，被当作一个静态的教条，一本不变的投资圣经。以有形资产为基础低价买进公司的股票不是一个不变的原则，这只是格雷厄姆早期的买入原则。他在买入一家公司时，往往要进行分析，并在支付的价格和价值之间留有安全边际。**廉价购买是一个原则，但这并不是说根据资产或目前的收益，只要价格低就可以买进。**

这种哲学现在还不完美，将来也不会完美，有很多领域值得进一步深入研究发展。虽然巴菲特发现了许多影响公司价值的无形因素，但他没有深入探究这些因素的本质原理。在本书中，我们将以他提出的可持续竞争优势、文化、管理和其他增长驱动因素为基础进一步将他的工作发扬光大。我们还将对"市场先生"的概念做进一步推论，也就是说，**我们将提出一种更加细致的策略，即通过利用市场对公司价值的错误评估，为投资提供安全边际，同时提高收益。**但更重要的是，我们将论证：对格雷厄姆–巴菲特式的投资者来说，成长型公司是最佳投资选择。

虽然这本书绝不是关于有效投资的理论终结，但我们相信，这里所介绍的策略和方法将代表本杰明·格雷厄姆投资哲学发展的下一个方向。

| 第 2 章 |

价值与成长

价值投资就是获得比你付出更多的东西。因此,每一笔聪明的投资都是价值投资。前提是你必须了解这门生意,并为其股票估值。

——查理·芒格

在过去的20年中，证券投资经理已经被划分为两类：成长型和价值型。弗兰克·罗素公司甚至为成长股和价值股⊖分别设置了独立的指数。

然而，有些投资者（包括沃伦·巴菲特）却说这中间并没有什么差异。"我们认为这两种方法基本上是一致的，难分伯仲。"巴菲特在他的著作《巴菲特致股东的信：股份公司教程》⊜中说，"在对一家公司进行估值时，成长当然是一个很重要的因素，它的影响可以很小，也可以很大，其影响可以是正面的，也可以是负面的。"

他还嘲笑"价值投资"的概念："我们认为所谓的'价值投资'根本就是废话，若是所投入的资金不是为了换取更高的价值，那还算是投资吗？明明知道所付出的成本已经高出其应有的价值，还寄希望于在短期之内可以用更高的价格卖出，这根本就是投机行为（虽然这种行为一点都不违法，也不违反道德，只是在我们看来，这就是在玩吹气球的游戏而已）。"

但这种将投资划分为价值型和成长型的做法是有意义的，它可以为投资者理解和评估公司价值提供有益的视角。无论你喜欢的是价值股还是成长股，要取得投资上的成功，你都需要有一个一致的、易于客户和基金经理理解的投资原则。

每位投资者在买入股票时都会面临两个关键问题：①我要买哪类公司？②我是否为自己所买入的股票预留了足够的安全边际？了解你持有的公司——它是一家成长型公司还是一家价值型公司，有助于你厘清如何处理各种风格的投资。

在本章中，我们将重点讨论成长投资和价值投资之间的区别，我们将强调投资每一类公司的缺点和危险。我们将最终证明，相对于价值型公司，成长型公司会给投资者带来更好的长期投资成功机会。

⊖ 价值股，价值型股票的简称。
⊜ 本书中文版机械工业出版社已出版。

成长型公司和成长型投资者

成长型公司是指长期发展速度高于平均水平，并让投资者可以从中获得满意回报的公司。如果市场大多数公司的每股收益平均增长率为 4%，那么一家成长型公司的增长率将超过 4%，它也将为股东带来令人满意的资本收益率。

本杰明·格雷厄姆在 1949 年版的《聪明的投资者》中提出了自己对**成长型公司股票的定义**："一只成长股可被视为在过去几年中表现好于平均水平，并有望在将来继续保持卓越的股票。"他在 1962 年出版的《证券分析》中进一步阐述了这一定义："'成长股'一词适用于过去每股收益大大高于普通股，并预计将来还会继续保持领先的股票。"

成长型投资者就是致力于投资成长型公司的人。

价值型公司和价值型投资者

讽刺的是，价值型公司至今没有一个被广泛认可的通用定义。围绕本书主题，我们尝试对价值型公司做如下定义：一家成熟的、成长速度低于行业平均水平的公司，其中可能包括许多长期没有增长的公司。

价值型投资者就是致力于投资价值型公司的人。

成长股和价值股

投资者应不断告诉自己，一家公司和一只股票之间是有差异的。一家公司是由一群从事产品生产或提供服务的现实的人组成的实体。基于对当前收益、现金流和未来前景的分析，每家公司都有一个合理的内在价值。一只股票是被公开交易的，它向投资者提供他们愿意买入或卖出公司股份的价格。然而，每天每个公司的股票价格和其内在价值可能会相差很远。

成长股是增长快于平均水平的公司上市交易的股票。价值股，根据我们的定义，是增长慢于平均水平的公司上市交易的股票。

具有讽刺意味的是，**内在价值与股票价格之间的差异有时候可以使一家公司由成长型转变为价值型，反之亦然**。内在价值和股票价格之间的差异使得股票分类变得困难。如果股价过低，分析师是否要继续将成长型公司的股票归入成长股？在开发成长股和价值股指数时，罗素的分析师必须努力区分成长股和价值股。有证据显示，他们区分二者的基础是股票，而非公司。以 PE 和 PB 为标尺，罗素成长指数大多由价格更高的股票构成，罗素价值指数则常常会列示价值被低估的股票。

在投资估值时，最好把重点放在公司而不是股价上。我们认为，有潜力长期保持增长的公司是成长型公司，而不是价值型公司。即便是本杰明·格雷厄姆也承认，若要在成长型公司和价值型公司之间做出选择，"从逻辑上来看，聪明的投资者似乎应该选择成长股"，但是他补充道："实际情况会更复杂"（《聪明的投资者》1949 年版，第 91 页）。在该书的最新版本中，格雷厄姆表示了对成长股投资的进一步肯定："很显然，只要价格不高，这类股票就非常适合投资和持有。"

作为价值投资者，在他大部分投资生涯中，格雷厄姆利用价格波动提供的买入卖出时机，为他的投资组合做了无数的交易和买卖。然而，到目前为止，他最为著名的投资却是对于成长股的投资——格雷厄姆曾投资了成长早期的盖可保险公司，并持有很多年。格雷厄姆在这一笔交易中赚的钱远比他通过价值股交易赚的总和还要多。换句话说，**格雷厄姆一生都在追求价值投资，但使他富有的却是成长股投资**。

如何通过投资价值型公司获利

投资价值型公司与投资固定收益证券类似。这两种方式均无助于成长价值的发现，但这并不意味着投资价值型公司无利可图。事实上，我们完全可以通过一种理性的方式从价值型公司投资中获得合情合理的收益。

投资价值型公司的收益有两个可能的来源：股息，股价与内在价值之间的差价。

股息的价值

尽管大多数关于股票长期总收益的研究表明，股息是投资收益的重要组成部分，但是在过去的几十年里，股息的价值一直被忽视。最近，股息的价值重新被人们重视，部分原因是固定收益证券的收益率很低。一对靠投资收益糊口的退休夫妇可能会感受到投资一家稳定、股息丰厚的公司的巨大好处。

股息对价值型公司尤其重要，尽管许多价值型公司可以在派息方面做得更多。在最好的情况下，在一个没有增长的行业中，如果一家价值型公司拥有良好的商业模式、稳定的客户基础和每年12%的净资产收益率，理论上它就可以将其利润的100%用于支付股息。如果你能以账面价值买入该股票，那么你将获得非常有吸引力的股息收益率：每年12%。

不幸的是，几乎所有价值型公司的股息支付率都低于其利润的100%。实际上，近几年来，许多价值型公司的股息收益率在3%到5%之间。

我们猜测，大多数投资者不会对一只年平均收益率只有5%的股票感到满意，他们认为至少要有8%的年收益率才足以对应投资的风险。那么投资者如何从一只收益率只有5%的价值型公司股票中获得8%的长期回报呢？由于股票价格和其内在价值很少一致，因此投资者可以以低于其内在价值的价格买入股票。若能聪明地利用股票价格与内在价值之间的差异，投资者就可以将收益率从 5% 提高到 8%。

举个例子,假设 A 公司的内在价值是每股 10 美元,每股收益 1 美元,且公司以收益的 50% 派息(50 美分),让我们来看看投资者可能面临的三种情况。

这里列出的三种情况分别是以每股 8 美元、10 美元和 12 美元的价格购买该股的机会:

买入价(美元)	8	10	12
股息收益率(%)	6.3	5.0	4.2
年平均物价上涨[①](%)	2.3	0.0	−1.7
年平均总收益率(%)	8.6	5.0	2.5

① 在 2.3% 通胀率的假设下,这只 8 美元股票的价格和内在价值将在 10 年后达到一致。如果股票价格与内在价值在 10 年内一致,则年收益率可能更高。

通过这个例子可以看出,价值投资者必须以明显低于内在价值的价格购买股票,才能获得合理的回报。

如何通过投资成长型公司获利

成长型公司的投资者有三种潜在的回报来源:①股息;②股票价格与内在价值之间的差价;③内在价值的长期增长。

通常情况下,成长型公司都不怎么支付股息。这反映了管理层将留存收益用于更好地扩大业务投资的想法。有一些成长型公司非常幸运,可以在成长的同时产生自由现金流,其股息支付对投资者来说是一个重要的回报来源。最终,所有成长型公司都会走向成熟。如果管理层经营良好,就可以使公司产生可观的、可持续的自由现金流,在一些案例中,投资者从这类公司的股息上获得的收益可能超过投资成本!

一个专注于投资成长型公司的投资者总是在寻求并利用股票价格和内在价值之间的差价(特别是在交易的时候)。价值型公司的投资者必须以低于内在价值的价格买入才能获得合理的回报，成长型公司的投资者则必须以公允价值或更低的价格购买股票。

假设你买入了一家成长型公司的股票，其内在价值是每股 10 美元，而内在价值每年增长 15%。5 年后，该股票将价值 20 美元；10 年后，它将价值 40 美元；15 年后，它的内在价值将为 80 美元。即使是以每年 10% 的增长率，7 年后，该公司的内在价值也将从每股 10 美元增长到每股 20 美元；14 年后，它将增长到每股 40 美元；21 年后，它将增长到每股 80 美元。

成长型公司与价值型公司的通病

对于成长型公司和价值型公司的投资，至少有四个通病需要我们面对：

1. 公司对留存收益的再投资很差。对于税后收益，管理层可以选择以股息的形式分配给股东，也可以再投资到公司的主营业务，或者把这两者结合（股票回购显然无法给股东带来净收益或者现金回报）。**无论是成长型公司还是价值型公司，如果管理层对留存收益的再投资效果不佳，就是在糟蹋股东资本，最终会降低公司的资本收益率。**在长期内，如果不加以改善，股票市场就会给予这些公司无情的惩罚，持股股东当然也会受牵连。

2. 预测未来需要谨慎又乐观。尤吉·贝拉曾经说过："预测很难——尤其是对于未来的预测。"无论你投资的是成长型公司还是价值型公司，你依赖的都是对于未来业绩的预期。就价值型公司而言，你肯定希望这家公司能够保持良好的经营。如果公司支付股息，而且未来的利率不会很低，你还可以将股息进行再投资。如果你投资的是一家成长型公司，你会希望公司取得令人满意的增速并且管理有序。股票投资需要投资者有一定的想象力——这笔投资未来会给我们带来什么。但这种想象的前提是，能够对公司未来发展的可能性以客观中性的态度综合看待。总体而言，投资者最好采用谨慎的乐观态度。在投资之前，你需要为被投公司设定一个可行的发展愿景，并确保其实现的概率在合理的范围内。

3. **公司吝于派息。**大多数公司（包括价值型和成长型）的管理层往往会高估他们的能力，他们总是想把留存收益用于再投资，以获得合理的回报。这意味着他们将执行吝啬的股息支付政策，而这有悖于股东的利益。**在毫无成长的价值型公司中，管理层经常进行各种投资，并将公司的目标收益率寄希望于对外投资项目的成功。事实上，这些努力往往是徒劳的，大多数对外投资、并购都无法给公司带来合理的回报。**相反，管理层应该做的是承认公司已经停止增长的事实，然后把所有的收益以股息的形式分配给股东。如今，许多成长型公司都拥有非常优秀的商业模式，它们既能快速增长，又能产生额外的现金。像苹果公司（Apple）和思科公司（Cisco Systems），拥有数百亿美元的现金躺在资产负债表上，却不向股东支付股息，这种拒绝支付年度股息的行为，对它们的长期股东来说其实是一种伤害。

4. **内在价值和市场价值之间的差距并没有缩小。**本杰明·格雷厄姆说过："股票市场短期是一个投票机，长期是一个称重机。"这句话隐含的意思是，从长远来看股票价格和内在价值将趋于一致。然而，股票价格有可能在很长一段时间内远低于内在价值。如果股票预期收益的一个主要组成部分是股票价格和内在价值之间的差价，那么**差距缩小所需时间的延长将降低投资该股票的回报。**

投资价值型公司所面临的挑战

当你投资一家价值型公司时，你必须接受这样一个事实——你购买的是一项资产，其内在价值可能增长很慢或长期没有增长。这样的投资可以与债券投资相提并论。

以下是投资价值型公司所面临的六大挑战：

1. 你可能不得不通过交易来提高回报。让我们做一个谨慎的假设：大多数价值型公司增长很慢或内在价值长期没有增长。假设一个投资者想获得每年 9% 的长期复合收益率，如果 A 公司的股息收益率是 5%，并且公司有可能以低于 4% 的速度增长，那么投资者就必须通过交易来提高收益。也就是说，价值投资者的工作其实就是不断地研究股票，以低于内在价值的价格买入股票，然后以等于或高于内在价值的价格出售股票。

2. 时间对你不利。为了获得合理的投资收益，价值型公司的市场价值和内在价值必须尽快趋于一致，才能达到投资者的预期收益目标。例如，你可能会以比其内在价值低 20% 的价格买入一只股票，然后希望其市场价格最终会赶上其内在价值。如果在买入后第 1 年或第 2 年就出现这种情况，你就可以获得更高的收益。但如果市场价格需要 5 年或 10 年才能达到其内在价值的水平，该投资的年收益率就可能会显著降低。对于价值投资者来说，时间真的至关重要。

3. 失败的公司拉低了你的回报。假如你向三家价值型公司各投资 100 美元，两家公司的表现与预期相符，未来 5 年总收益（股息加利息）率在 50% 以上，第三家公司却是一场灾难，在此期间下跌了 50%。该投资组合的收益仅为 50 美元（从 300 美元增加至 350 美元）。虽然你的成功率很高（66%），但盈利却被一单亏损拉低。

4. 价值型公司的管理层需要控制他们的增长欲望。即使是在一个没有增长的行业，公司高管们也不愿意接受一个无增长的策略。更糟糕的是，股东们往往还在迫使这样的公司管理层采用不可持续的增长策略。同时，这些公司还可能会经受不住诱惑，企图通过收购和产品线扩张来寻求不良增长，而不是简单地将留存收益以股息的形式分配给股东，结果可能会对股东造成灾难性的影响。伊士曼柯达（Eastman Kodak）在过去30年间的变化就是一个典型的例子。正如罗本·法扎德（Roben Farzad）在《彭博商业周刊》（2010年7月12日）上所说："伊士曼柯达在20世纪80年代和90年代，其核心胶卷业务日益萎缩，同期公司在失败的收购和产品开发上却花费了150亿美元，现在整个公司只值10亿美元。股东们难道不愿意把这150亿美元的一部分拿回来吗？"

5. 当心"混凝土划艇"或"价值陷阱"。价值投资者购买股票时，通常会假设公司管理层将一如既往地和过去一样积极开展经营。他们认为即使是一家没有增长的公司，也将继续保持一贯的净资产收益率，以支持公司当前的内在价值。**在价值型公司特征的迷惑下，投资者看上了一家强大、成熟的公司，并以低于内在价值的价格购买了这家公司的股票。然而，这家实力强大而成熟的公司慢慢地开始管理不善，公司的内在价值就像一艘混凝土划艇一样沉没了。**举个例子，自20世纪60年代以来，通用汽车（General Motors）的股东们一直认为，这家曾经占据主导地位的公司未来还将表现良好，能够维持其内在价值。事实上，我必须承认，自己也曾被这种危险的诱惑蒙蔽了很久。不幸的是，在2009年破产之前，通用汽车的管理层以缓慢的节奏持续消耗了大量本该属于股东的资本。

在极少数情况下，整个行业甚至可能会崩溃，一支"混凝土划艇队"可能会整体沉没——这一境遇让投资经理比尔·米勒撞上了，并使其一败涂地，而他曾是现代最杰出的价值投资者。米勒管理的美盛价值信托基金，从1991年到2005年连续15年跑赢标准普尔500指数。这一不可思议的成就，使米勒享誉金融界，并为他赢得了无数的荣誉和称号。《金钱》杂志称他为"90年代最伟大的基金经理，晨星（Morningstar）在1999年评选他为"十年最佳基金经理"，《商业周刊》称他为"价值投资的英雄"。不幸的是，2009年米勒把自己基金的大部分资产配置给了一支"混凝土划艇队"，当全球金融危机来临的时候，他在投资组合中配置的金融行业价值型公司翻船了，米勒主导的美盛价值信托公司的股价一度暴跌77%——从2007年6月78.93美元的最高点跌到2009年3月18.48美元的最低点（在接下来的两年里，该公司股价回升至每股38美元左右）。

6. **股息再投资**。价值型投资者通常会购买股息收益率较高的股票，因此，他们还需要将获得的股息进行再投资，以保持资金的运转，这很像债券投资。你可能会找到一个利率为10%的债券，但是你拿这10%的股息做什么呢？你能找到其他与这个利率水平相当的股票或债券吗？如果不能，你投资组合的年收益率将会下降。

投资成长型公司的特殊挑战

以下是成长型公司投资者面临的六个关键挑战：

1. **买得太贵**。当你买成长型股票的时候，基于其预期的增速，你很容易支付过高的买价。例如，如果一家公司的内在价值是每股10美元，但你决定以每股80美元的价格买入，那么在接下来的15年里，该公司将必须以每年15%的速度增长，它的内在价值才能达到你的买入价水平。这是2000年至2002年科技股熊市的根本问题，现在还有一些投资者仍然在等待他们在20世纪90年代买入的互联网和科技股的内在价值能追赶上市场价格，然而他们等待的时间可能还要持续数年。

2. **期望过高。**要高估一家成长型公司的未来增长速度，实在是太容易了。我们一直对华尔街分析师很随意地将预测增速调到20%或更高感到好奇。如果一家公司以每年20%的速度增长，那么每3.5年公司的规模就会翻一番！这还意味着一半的员工在公司工作不到4年，客户基础相对薄弱。内部预算也会非常具有挑战性：这个公司每3.5年就要将其经营面积扩大一倍。此外，快速增长的行业往往会吸引优秀公司的加入，这加大了公司未来的挑战。

3. **糟糕的增长策略。**你所投资的成长型公司的增长策略可能很糟糕。例如，它可能会进行一些糟糕的收购或盲目的扩张。**公司管理层更好的策略是强化自己的优势，让公司成为细分领域的主导玩家，这样做才可以使公司实现持续有机增长——即便增长的速度较慢。当你购买股票时，你实际上是在押注管理层会一直制定理性的决策——为了使公司持续增长，并获得合理的投资收益**。在2000年至2002年的熊市之后，许多科技公司的投资表现不佳。谐波公司（Harmonic），一家宽带硬件供应商，其2000年的股价超过每股150美元，市盈率超过100。近年来，该公司股价一直徘徊在每股6美元附近，而且公司目前仍难以实现盈利。电子商务软件制造商宏道资讯（BroadVision）曾经是华尔街的宠儿，在进行了9∶1和25∶1的反向拆股后，其股票最近的交易价格不到1美分。2000年拆股调整后，该公司每股交易价格从1.9万美元的高点坠落下来，最近几年的交易价格约为12美元。美国第一商务公司（Commerce One）是20世纪90年代最热门的电子商务公司之一，1999年和2000年，在陷入破产并于2004年被部分出售之前，尽管没有实现盈利，但该公司的股价仍远高于每股100美元。还有其他一些像Exodus

Communications 一样曾经雄心勃勃的公司，现在早已宣布破产并关门大吉。

4. 交易的诱惑。成长股往往比价值股波动性更大，这有时会让投资者相信，交易成长股是提高回报的一种方式。只有高超的技术交易者才能通过交易股票获利，而且这些交易大概率是为了让经纪商赚钱而不是为客户创造利润。令人难以置信的是，通过已经公布的基金年度交易数据可以看出，许多从事成长型公司投资的机构投资者已成为交易诱惑的牺牲品。

5. 树不会长到天上。即使是最好的成长型公司，最终也会走向成熟、放慢增长速度，投资者需要有相应的计划。即便是有史以来最成功的科技股之一——微软，最终也陷入停滞，增长缓慢。世界领先的心脏起搏器生产商美敦力，在创造了连续多年两位数的收益率后，增长也遭遇了瓶颈。格雷厄姆在《聪明的投资者》中谈到了这个问题："异常快速的增长不可能永远保持下去。当一家公司已经有了很大的发展，其规模量级决定了再现高增长的历史变得非常困难。通常公司的增长到某一时刻后就会趋于平缓，很多情况下还会下降。"

6. 你的回报由赚钱的公司主导。在成长型公司的投资组合中，挣钱的股票可能会升值很多倍，最终抵消亏钱的股票的影响。这背后的数学道理很简单。如果你在三只股票上各投资 100 美元，在接下来的 5 年里，有两只股票赔光了，但在第三只股票上你赚了 10 倍，你的成功率很低，但是你的投资组合却已经从 300 美元增长到 1000 美元，增长了 333%。把"截断亏损，让利润奔跑"这句格言送给成长型公司的投资者特别合适。

现在我们已经清楚地界定了成长型公司和价值型公司，并指出了这两个领域的投资者面临的一些共性问题和各自不同的挑战。接下来，让我们来看看长期投资者面临的一些关键问题。正如你看到的，如果操作得当，相比投资价值型公司，投资成长型公司将为长期投资者提供更好的长期获利机会。

一般投资者的投资生涯约为 50 年。大多数投资者错误地认为，过去 1 年、3 年、5 年或 10 年的初期投资收益是决定未来的最重要的因素。恰恰相反，我们认为每个投资者面临的首要问题应该是——如何在漫长的一生中实现合理的复利收益？

复利的力量

复利被称为"世界第八大奇迹"，它是对"前期的利息以及本金"支付的利息。虽然一开始很小，但随着时间的推移，这种超额收益将变得非常可观。一笔 100 美元的投资，如果按 10% 的利率进行长期复利计算，10 年后将增长到 260 美元，20 年后将增长到 673 美元，50 年后将增长到 11 730 美元。图 2-1 显示了复利的"等级"。

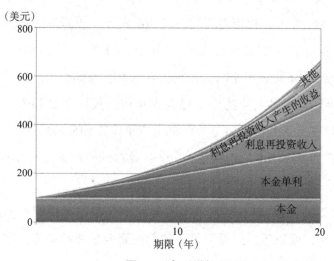

图 2-1 复利增长

年当量利率（Equivalent Yearly Rate）也称为年利率、年收益率等。这些术语经常用于政府当局指导消费者更容易地理解贷款的实际成本。

相对而言，单利指的是按本金计息的方式，复利是在金融行业和经济学界中经常提到的一种计息术语。

下面让我们一起来看一看复利在人一生的投资中所能发挥的魔力。假设一般投资者的投资寿命为50年，我们来看看复利在这漫长时间内所能产生的影响。我们的研究先从较短的周期开始。

现在，投资者A、B和C均以10万美元开始他们的投资之旅。投资者A每年赚取5%的复利，投资者B每年赚取7%的复利，投资者C每年赚取9%的复利，这些收益率上的差异似乎没那么显著。的确，5年之后，投资者A有127 628美元，投资者B有140 255美元，投资者C有153 862美元——投资者C的资产只比投资者B多10%，比投资者A多20%。

但随着时间的推移，这种差距开始迅速扩大。10年后，投资者C拥有236 736美元，投资者B有196 715美元，投资者A有162 889美元——投资者C的资产比投资者A多45%，比投资者B多20%。20年后，投资者C有560 441美元，投资者B有386 968美元，投资者A有265 330美元——尽管投资者A和B在过去的20年里获得了丰厚的利润，但是投资者C的资产比投资者B多45%，是投资者A的两倍多！

到50年后，这种差异达到了惊人的地步。投资者C（9%）的资产价值7 435 752美元，投资者B（7%）的资产价值2 945 703美元，投资者A（5%）的资产价值1 146 740美元——投资者C的资产是投资者B的2.5倍以上，是投资者A的近7倍！

通过图2-2，你可以看到这几个百分比在长期内对投资带来的重要影响。**差之毫厘，谬以千里，看似很小的年投资收益率的差异，在很长一段时间之后，就可能会导致投资结果的巨大差异。**

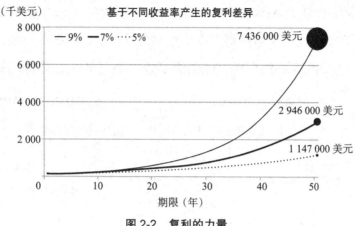

图 2-2 复利的力量

投资者应该设定一个目标收益率

复利很诱人，查看复利表也很简单，但实际上，在现实世界中应用复利的概念还是比较复杂的。

思考复利的第一个关键是要理解目标和目标收益率之间的区别。假设投资者 A 的目标是在 50 年内赚取每年 9% 的复利，这意味着投资者 A 最初 10 万美元的投资将增长到超过 700 万美元。为了确保获得 9% 的年复合收益率，投资者应该怎样设立目标收益率并为之努力？

快速浏览复利表会得到一个令人非常兴奋的答案。（复利表在每个投资类者的书架上都应该有，并应当和这些书并列：格雷厄姆的《聪明的投资者》和《证券分析》，以及《巴菲特致股东的信：股份公司教程》，我们希望这本书旁边也有。）

我们研究了两个关于长期复合收益率影响的案例。在第一个案例中，投资组合的市值在一年内下跌了 50%。为了更清楚地说明问题，我们假设投资者 A 的投资组合以每年 9% 的复合收益率持续运行了 49 年，但在第 50 年遭受 50% 的下跌损失。这时投资者 A 的投资组合价值接近 340 万美元，她仍然很富有。然而，她的长期复合收益率已经从 9% 下降到略高于

7%的水平。投资者A是在第1年、第10年还是在第50年蒙受损失并没有差别。图2-3显示了当投资者设定适当的目标后，回撤不一定会使她失去目标。她可能无法达到9%的目标收益率，但仍可以实现7%的目标。

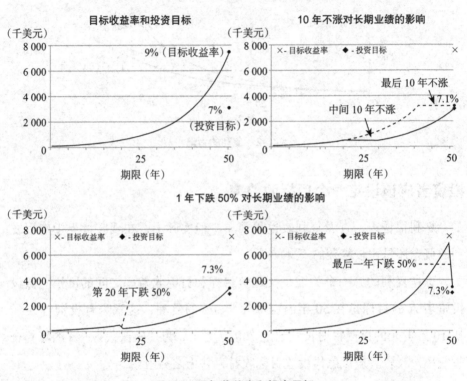

图2-3 目标收益率和投资目标

投资者B虽然避免了一年50%的下跌，但仍遭受了损失。似乎每40年左右，市场就会经历10年的停滞。1929年至1939年、1965年至1975年和2000年至2010年这三个时期就是如此。如果投资者B的投资组合以每年9%的复利获得回报，持续40年，但接着连续10年没有回报，那么这对其复合收益造成的影响与一年损失50%大致相同——他的长期收益率将从9%下降到略高于7%的水平。

我们谨慎地假设每个投资者的一生都可能会经历这两种情况中的一种，

这意味着投资者的目标收益率应该比他们的长期复合收益率高 2%。换句话说，如果你想要每年 9% 的复合收益率，你必须有每年 11% 的目标收益率；如果你想要 7% 的年复合收益率，你必须把目标收益率定在每年 9% 以上。

（请记住，这里讨论的是扣费前的收益。过多的费用会对你的长期收益产生重大影响。过多的费用通常与频繁的交易或共同基金所有权有关。）

对于追求 9% 的长期收益率（11% 的目标收益率）的投资者来说，成长股直觉上更有吸引力。想想看，有多少价值型公司可以提供股息收益率加增长率等于 11% 的组合呢？找到它们还是很有挑战的。拥有 5% 股息收益率的价值型公司必须以 6% 的速度增长（比一般公司快）才能给投资者带来 11% 的目标收益率。

我们知道**价值型公司能够实现两位数收益率的唯一途径是实施高换手的策略。**

问题是，试图通过价值型公司实现两位数收益率的难度，与普通的业余高尔夫球手试图在职业水平上赢球的难度非常相似，你必须不断尝试去挑战那些你根本无法在一个稳定的水平上完成的高难度击球。有些时候你可能会击中，但随着能力范围的扩大与风险的增加，你会发现自己就像身处沙坑、长草区、树丛和水障碍区，赢球的希望变得非常渺茫。

作为一名投资者，如果设定的预期收益率过高（尤其是对价值型公司），你就要不断地冒险，不断地以较低的价格买入股票，但这些股票可能存在某些你没有发现或不理解的潜在问题。结果，你就会犯错、踩雷，最后自己的投资出现巨大的损失。这些损失最终拉低了你的整体投资收益——即使你的一些选择是正确的。事实上，根据领先价值股票基金公布的收益排名，即便是依赖于高换手率和低价买入策略的专业基金经理也无法持续实现两位数的增长。

无论是投资成长型公司还是价值型公司，选择一个适当的收益率都是很重要的，这样你一方面可以避免过度冒险，另一方面也可以在选股时从容抉择。

业绩评价：我的业绩表现如何

除了复利表外，我们还建议投资者了解一些业绩计算的基础知识。第一个问题是，你的投资是赚钱还是赔钱？请不要嘲笑这个问题，实际获利的投资者比通常认为的要少得多。计算回报的简单公式是：

> 期末市值 −（期初市值 + 净供款或 − 净提款）

举个最简单的例子，假设你的投资组合在10年内翻了一番，从10万美元增至20万美元，中途没有供款或提款，那么你的投资组合的年复合收益率为7%。如果一个投资者的投资组合价值20万美元，而一开始只有10万美元，那么她的投资组合业绩翻倍了吗？不一定。如果她在10年的投资中额外投入了10万美元，她的业绩就没有翻倍。下面是计算结果：

> $200 000 − [$100 000（期初市值）+ $100 000（净供款）]= 0

对于那些想要进一步学习投资业绩考核的人来说，对时间加权关联业绩进行研究是非常有必要的。时间加权关联业绩可以将中途供款和提款的因素综合考虑进来。接下来，你就可以衡量你的投资组合相对于指数基金的表现。

投资者应该对美元加权收益和时间加权收益的区别有一个简单的了解。斯波尔丁（Spaulding）集团总裁戴维·斯波尔丁（David Spaulding）在《养老金与投资》杂志（2011年2月21日）上发表了一篇文章，对两者的区别做了简明扼要的总结。

时间加权收益的缺陷

当众多养老基金还在市场低迷的灾难中苦苦挣扎时，许多人都已经看到以市场指数替代绝对基准或其他可靠性基准来衡量业绩不是特别合适。但又有多少人知道他们使用的收益是否合适？

我猜，大多数养老基金只以时间加权来衡量业绩。为什么？可能的原因有几个：它们一直都是这么做的；这是全球投资业绩标准（GIPS）要求的；这是它们的顾问使用和推荐的标准。

它们已经忘记了，时间加权在20世纪60年代发展起来的时候，主要是用来考核管理者的表现，而不是基金的业绩。1968年，在彼得·迪茨（Peter Dietz）发表了里程碑式的论文之后，美国银行管理协会提出了第一个业绩衡量标准；1971年，美国标准投资委员会紧随其后。两者都采用了时间加权法，该方法排除或弱化了现金流的影响。它们为什么要这么做？因为管理者不掌控流动性，这是他们客户的事。

可以这样理解：如果你想知道你的基金经理做得怎么样，请使用时间加权法。当我们想知道基金本身的运作情况时，你为什么要忽略你所控制的现金流这个因子呢？利用时间加权完全没有意义，货币加权才是你需要考虑使用的方法。是的，这意味着你将以两种方式计算收益。这样做是因为你问了两个不同的问题：我们的经理做得如何？我们的基金收益如何？

我们在行业标准纠偏方面越来越有成效，越来越多的公司认识到了它们的错误，我们希望更多的人能够理解、顿悟，哪怕只是看到存在了近50年的真相和本质。如果养老基金能够不再使用错误的衡量基准，那它们就在正确评估自己的业绩方面做对了一半，它们还需要在如何正确地衡量方面做对。

夏普比率

在过去的20年里，出现了一种更为精确的业绩分析方法——夏普比率。夏普比率是一个风险调整后的业绩指标，其数学表达式为

$$(R_p - R_f)/\sigma_p$$

式中 R_p —— 投资组合收益率；

R_f——无风险利率（通常是美国国债的利率）；

σ_p——投资组合收益率的标准差。

从概念上讲，夏普比率是用来衡量在无风险投资的收益之上，一个投资组合所获得的超额收益与收益的波动性之间的比率。因为在现代投资组合相关理论中，收益的波动性等同于风险，所以通过夏普比率，我们可以更容易理解：要获得超额收益，需要承受多大的风险。

然而，夏普比率并不完美，受到种种批评。尽管人们还发明了类似的比率以修正其缺陷，但时间和复利对收益的影响总是被忽略。夏普比率的重点在于将投资收益与同期的平均波动性进行量化比较，并认为投资收益与时间周期是无关的。对于长期投资者来说，这种比较无疑具有极强的误导性。

从长期来看，收益可以产生复利效应，波动性却做不了什么。但实际上，在此期间，波动性总体上又非常明显。如果要衡量30年期间投资收益的标准差（而不是每日投资收益的波动），收益的复利效应将会主导收益标准差的非复利性质。即使是相同的投资组合，长期组合的夏普比率也会比短期组合高得多。

在短期变化背景下错误地度量投资组合风险，对长期投资者几乎没有任何好处。矛盾的是，大多数股票投资者对其投资组合都有长远的打算，然而，盲目地使用机械化的比率这种有误导性的风险衡量指标让他们过度关注短期价格的变化。

长期回报的挑战：再投资率

假设你有两只股票可供选择：一个是价值型公司V，另一个是成长型公司G。

假设V是一家杰出的价值型公司，每股收益1美元，每股有0.60美元的股息，并将在未来50年以每年5%的速度增长。如果以每股10美元的价格买入，那么投资者就会得到预期11%的年复合收益率（包括每年6%

的股息与5%的增长）。

同时，假设G公司的每股收益为0.50美元，每股股息为0.10美元。G公司将在未来50年以每年10%的速度增长。如果以每股10美元的价格买入G公司股票，投资者可以获得的预期收益率也是每年11%。

大多数投资者都会把V公司视作最佳选项。良好的收益率和良好的增长率，将使V公司股票在短期内波动较小。但事实上，对于长期投资者来说，G公司的优势更加明显。其原因是：选择V公司需要考虑股息再投资，再投资容易受到未来股价水平的影响，而未来的股价谁也无法预测（选择G公司则没有这个问题）。

在案例中，我们对投资者做了四个重要的假设：①持有这两只股票50年；②不用纳税；③不用支付交易费用；④所有的股息再投资于股票。

基于以上条件，这两家公司将产生11%的总收益率（价格上涨加上股息收益）。不幸的是，这个总回报的计算还有一个重要的假定，即在未来的50年里，市场每年都能持续理性地定价。但现实是不同的，股价是围绕其内在价值波动的。在我们的分析中，需要把这些波动的影响考虑在内。

这个问题很简单。股息收益越高，我们的总回报就越依赖于未来的股价。例如，在14年的时间里，V公司的投资者获得了总计每股18.06美元的股息，他必须将股息再投资。18.06美元是原始投资股息流的总和，包括每股股息的增长和再投资所得的股息。总而言之，再投资股息的金额超过了股票最初的买入价，即10美元。而G公司的投资者在14年内只有3.01美元的股息用于考虑再投资。因此，股价波动对G公司投资者的影响远远小于对V公司投资者。

在50年的时间跨度内，V公司投资者在股票V上必须再投资的金额超过1000美元，而G公司投资者只需要在股票G上再投资167美元。

图2-4显示了两只股票基于不同股价水平的复合收益分布。

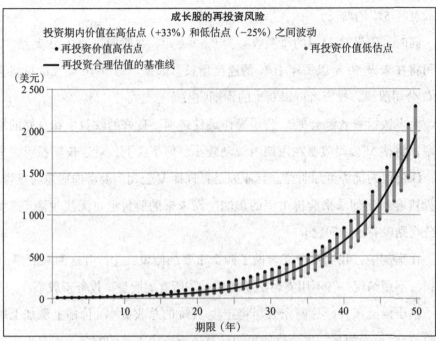

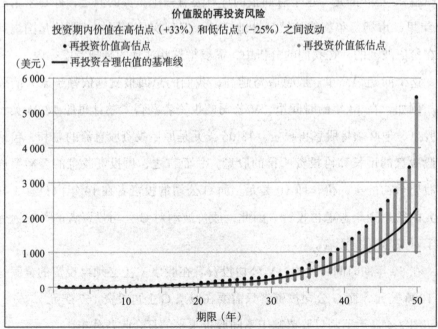

图 2-4 再投资风险

下面我们从债券投资的角度进一步深入了解再投资问题。20世纪七八十年代，利率高企，债券久期的概念被提出并用来解释当时居高不下的利率。

有一只30年期债券，息票利率为8%，按面值出售。如果投资者以10万美元的价格购买100张，他每年将获得8000美元的利息收入。在头12年，他将赚到9.6万美元，在整个债券期限内，他将赚到24万美元。如果他想让自己的投资组合每年持续获得8%的复利，他就会面临巨大的再投资风险。在最初的12年里，他必须再投资的金额几乎等于他最初的原始投资，在整个债券期限内，他的再投资总额接近他的原始投资的2.5倍。

该投资者的收益率分布大致如图2-5所示。

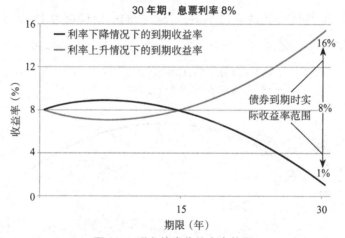

图2-5　附息债券收益率走势图

图2-5～图2-7显示了在利率上升或下降的情况下，投资者在未来某个时间点（x轴）出售债券，所获得的现金收益率（y轴）的差异。

在这个30年期债券的例子中，"鱼"形图（见图2-5）可以说是本金与再投资债券价值相互作用的结果。例如，如果利率上升，未来本金偿还的现值就会下降，但再投资息票价值的复利率更高，且随着时间的推移将覆盖本金的跌价部分。

相反，在利率下降的环境中，本金现值的重要性凸显。由于贴现率下降，票息只能以更低的利率再投资，长此以往，它将抵消未来可赎回本金现值上涨的积极影响。

以 30 年零息债券为例（见图 2-6），本金现值的增减由现行贴现率的升降决定，但是未来价值是确定的，因为息票再投资没有变化。当复合折现的影响随着时间的推移而减弱时，价值会收敛至与票面价值趋同。然而，如果投资者需要在到期时将债券收益进行再投资，就会有风险。

为了更全面地理解这一概念，我们下面看另一种债券。假设同一个投资者买了 30 年期的零息债券，收益率为 8%。该债券每年将不支付票息，但在 30 年后一次性偿付本金。投资者的原始投资为 10 万美元，在 30 年后他将会收到大约 100 万美元。他的收益分布如图 2-6 所示。

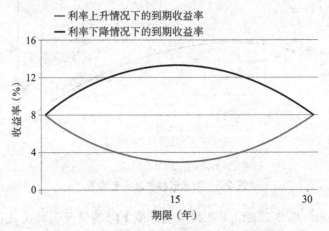

图 2-6　零息债券到期收益率（PV）走势图

如果将两种债券的投资收益分布放在同一幅图中综合来看，我们得到图 2-7。图 2-7 表明，息票利率 8% 的债券结构降低了早期收益率的波动性。在后面的几年里，可能的收益率范围开始扩大，因为谁也无法预测未来息票收入再投资的利率情况。零息债券在最初几年经历了显著的价格波动，但随着债券接近到期，收益范围缩小。因此，对于有 30 年投资期限的投资者来说，零息债券有更大的机会实现每年 8% 的预期复合收益目标。

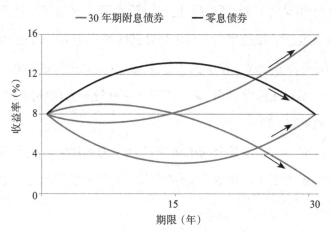

图 2-7 零息债券与附息债券的收益率分布

在前面 V 和 G 这两种股票的例子中，我们假设 V 公司为一只有吸引力的价值型股票（即价值股）。现在思考两家公司：ZG(零增长) 公司和 HG(高增长) 公司。

ZG 公司每股收益 1.10 美元，没有增长。公司将所有的收益以股息的形式支付给投资者。如果你能以每股 10 美元的价格购买这只股票，你的股息收益率将高达 11%。

相比之下，高增长的 HG 公司每股收益为 0.33 美元，公司不派发股息，并将所有收益重新投资于公司。公司 HG 的股价也是每股 10 美元，并将在未来 50 年内以每年 11% 的速度增长。

坦率地说，两家公司的投资者都面临着内部再投资风险（也就是说，两家公司未来的投资都可能很糟糕）。

从股东的角度来看，ZG 公司的投资者面临着巨大的再投资风险。在未来的 50 年里，投资者差不多要将 ZG 公司的股息（大约 1836 美元）再投资到

ZG 公司的普通股（假设 ZG 普通股在 50 年间保持相同的市盈率）。这里 ZG 公司的例子比较极端，事实上也很少有公司能够连续 50 年支付 11% 的股息。

如果投资者发现了 ZG 公司，且其股价在第一次购买后的下一年从收益率为 11% 的位置（市盈率为 9 倍）提升到收益率为 6.6% 的位置（市盈率为 15 倍），结果会怎样呢？举个例子，如果 ZG 公司的市盈率在投资者购买股票后的下一年从 9 倍增加到 15 倍，那么这些投资者能够向 ZG 公司再投资的额度大约只有 400 美元。

所以，投资一家零增长公司的未来盈利能力在很大程度上取决于未来股票的价格。相比之下，高增长（HG）公司的投资者就没有这么大的股息再投资风险。

股息增长：鱼与熊掌可以兼得

股息是投资者长期权益的一个主要来源。如果买了一只股票却从来没有卖出过，你将如何从投资中获得补偿呢？

长期股息增长的力量可能是巨大的。以 G 公司（之前讨论的成长型公司）为例，如果我们以每股 10 美元的价格买入，当前每股收益为 0.5 美元，并以每年 10% 的速度增长，持续 50 年，最终公司的收益将会增长 117.4 倍。50 年后，G 公司的每股收益为 58.70 美元。到了第 50 年，G 公司已经是一家成熟的公司，开始以股息的形式分配所有的收益，那时，它的年度股息将是每股 58.70 美元——几乎是最初每股 10 美元投资的 6 倍，而且这种股息每年支付一次。

让我们把这只股票放在一个 25 岁投资者的投资组合中。投资者在 G 公司投资了 2 万美元，当投资者 75 岁时，仅这只股票的潜在股息收入就达 117 400 美元，即使是在今天，用这些财富来应对一个合理的、健康的退休生活也是绰绰有余的。

这就叫鱼与熊掌可以兼得。

关键决策的力量

投资成长型公司还是投资价值型公司？这里有一个关键问题：如果你一生只能买一只好股票，你会买成长型公司还是价值型公司？毫无疑问，答案一定是成长型公司。

对那些一直喜欢（并交易）价值型公司的人，这里我们分享两个精彩的故事。

为了证明购买和持有成长型股票的魅力，让我们先一起回顾20世纪市场的最熊时刻：1932年5月道琼斯工业平均指数重构。那时，道琼斯指数已经从1929年的最高点下跌了近90%。事后看来，这是一个千载难逢的买入机会。

当时，道琼斯指数30家成分股总市值约为50亿美元。应该指出的是，这些公司都是世界上最大、最重要的公司，但它们不一定是价值型公司。在当时，如有投资者按相同数量简单地平均买入这些公司的股票，那今天她的投资会怎样呢？

她最终持有的公司中，会有4、5家已经破产，比如通用汽车。还有另外7家左右的公司仍在上市但业绩不佳，包括伊士曼柯达、固特异（Goodyear）、美国钢铁（US Steel）和富俊公司（Fortune Brands）。这些"幸存者"如今的市值差不多有500亿美元。

1932年道琼斯指数成分股中还有12家公司，它们要么被其他上市公司收购，要么在随后的80年里被私有化，比如霍尼韦尔（Honeywell）、克莱斯勒（Chrysler）、西屋电气（Westinghouse）和德士古（Texaco）等。这12家公司创造的股东价值总额为1950亿美元。假设投资者每年可以获得

8%的复合收益，那么，自交易之日起到2011年，她的价值将增至约4900亿美元。

然而，真正的利润来自6家公司：可口可乐、通用电气、IBM、宝洁、雪佛龙（Chevron）和埃克森（Exxon）。这6家公司目前的市值约为1.3万亿美元，每年支付大约350亿美元的股息。应该指出的是，这个总市值还不包括这些公司近80年的股息，也没有考虑期间的股权稀释。

所有这些加起来，这50亿美元的初始投资将增长到差不多2万亿美元——收益近400倍，这还不考虑股息。现在，和年度股息相比，最初的投资已经变得微不足道了。

因此，你是应该买入并持有那些能够产生巨大收益和内在价值的优秀公司，还是应该经常交易那些一成不变的公司以通过分红和交易获得稳定的回报呢？显而易见，成长股会让你有更好的机会获得更高的长期回报。

第二个故事来自最新版《聪明的投资者》的后记，其中格雷厄姆提到了他公司的两名合伙人——杰罗姆·纽曼和格雷厄姆本人。在这篇后记中，格雷厄姆描述了他们对盖可保险的投资。这个故事令广大投资者震惊——通过投资盖可保险获得的利润远远超过了他们过往20年无数的决策、操作所获利润的总和。以下是格雷厄姆的描述：

我们非常了解两位合伙人，他们有相当一段时间在华尔街为自己和他人管理资产。曾经的惨痛经历告诉他们，安全、谨慎要比想赚到世界上所有的钱更好。他们已经掌握了一种独特的安全操作方法，避免了那些定价过高的问题，当标的不再有吸引力的时候他们也能够迅速反应处理。他们的投资组合一直很多样化，差不多有一百多种不同的主题。通过这种方式，虽然过往多年市场跌宕起伏，但他们依然业绩亮眼；他们目前管理的资产规模达数百万美元，平均年化收益率为20%，客户对结果很满意。

在本书的第 1 版发行时，合伙人基金得到了一个收购机会，标的是一家成长型公司一半的股份。由于某种原因，当时华尔街对该行业不再看好，该交易遭到了不少大型机构的摒弃。但这家公司的潜力给两位合伙人留下了深刻的印象，特别是相对于当前的收益和资产价值，其价格适中，这是让他们下定决心的关键。合伙人继续买入，最后这一笔投资金额大约占到了基金总盘子的 20%。这个新业务与他们的兴趣密切相关，后来果然展示出了蓬勃向上的发展姿态。⊖

事实上，公司的业绩表现非常优秀并助推股价上涨了 200 倍。这种增长远远超过了利润的实际增长，而且按照合伙人自己的投资标准，其一开始的股价就已经走得很高了。但由于他们认为公司经营的是社会发展"离不开"的业务，尽管股价大幅上涨，他们仍继续持有大量股份。他们基金的许多参与者也和他们一样，通过持有这家企业（包括后来成立的子公司）的股份，成为百万富翁。

让人惊奇的是，他们从这一笔投资决策中获得的利润总和远远超过了他们过往 20 年在专业领域通过广泛运作获得的利润积累——在过去的 20 年里，他们做了大量的调查、无尽的思考和无数的决策。

对聪明的投资者来说，这个故事有什么寓意吗？明面上我们能看到的是在华尔街赚钱有多种不同的方式。隐含的问题是，这是一个幸运的机会，还是一个英明的决定？我们无法断定。无论如何，这个关键决定的结果有可能比一个人一生身经百战的结果更重要。但在幸运或关键决定的背后，投资者必须要有足够的准备和专业的能力。**人们必须在打下足够的知识、经验基础并获得足够的认可后，机会才会来敲他们的门。要充分利用这些机会，投资者还必须要有一定的手段、决策和勇气。**

⊖ 如果完全以精确的估值来决定这笔交易，最终大概率会泡汤。说实话，一开始这笔交易几乎就是要泡汤了，因为合作伙伴希望确保购买价格 100% 由资产价值覆盖。一个 5 万美元的会计项目，后来产生了超过 3 亿美元的收益。他们得到了他们坚持要的东西，真是幸运。

当然，我们不能保证所有谨慎、警觉、聪明的投资者都能获得类似的精彩战绩。"每个人都可以变得富有"，我们本不打算以拉斯科布这句调侃作为结束。但在金融领域的确存在各种奇迹的可能性，聪明而有进取心的投资者应该能够在这个喧闹的马戏中找到乐趣、赚到钱。至少你可以让自己保持兴奋、乐观。

量化你的关键决策

在众多的好公司中投中一个伟大的公司绝对是一个概率问题，发现并投资几个好主意[⊖]则是一个方法问题。如果没有可行的成长股投资方法，投资者就不太可能从中全然获利。因此，在谨慎、分散的原则下，投资者的收益率最终是由投资组合的质量决定的，而不是由投资组合中个别证券的质量决定的。而投资组合的质量高低则由投资者的方法决定。

在构建一个谨慎、分散的成长型股票投资组合时，危险并不是源于一只下跌的股票，而是一只成功的股票。下跌的损失可以通过增加另一个更有潜力的股票进行补救，而一只股票的上涨则会对谨慎、分散的原则构成考验。当一只股票经过上涨在投资组合中占据一个较重的仓位时，投资者将面临一个两难的境地：是让赢家继续奔跑以获得更好的业绩，还是为了分散目的谨慎减仓？

这里很重要的一点就是要了解过早卖出上涨股票的代价。有研究表明，对于那些追求长期复利的人来说，**持有一个伟大公司股票的真正好处和复利效果都是在投资的后半段实现的**。如图2-8所示，如果一个股票的仓位在这之前被削减了，这种上升趋势就会被减弱。

⊖ 这里的好主意，和前文的关键决策一样，是指能够给投资者带来超额收益的好主意、大策略、关键决定。——译者注

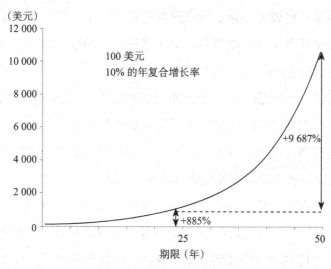

图 2-8 调整头寸对业绩的影响

一种管控单一股票仓位过重风险的方案是，努力发现并投资多只大赢家股票。那么，此时我们更需要的是方法论，而不是运气。如果一个投资者拥有的几个主要头寸都实现了盈利，其投资组合就有机会保持合理的平衡，并避免了投资组合单一头寸规模过大的风险。

即使投资者坚持专业的成长型投资策略，他的投资组合依然可能会出现单一头寸规模过大的问题。这个问题并不一定严重，假如投资组合中其余股票的增长达到了平均水平，那么这仍然是一个成功的投资组合，并在市场中处于强势地位。但投资者必须认识这一点：如果其投资组合已经变得高度集中，如果这个重仓的头寸出现了长期崩溃，那么这可能就会将整个投资组合多年的回报毁于一旦。

如果一两个头寸高度集中的情况出现在了投资组合中，将迫使投资者特别重视这些重仓股的安全边际。在第 5 章中，我们讨论了在购买成长股时如何遵从安全边际。安全边际的概念也同样适用于持仓股票决策，尤其是那些高度集中的头寸。我们知道这是一个非常主观和困难的课题。一般来说，如果某一投资的安全边际已严重恶化，以至于威胁到了该投资将来的回报，则必须考虑减仓或清仓。对于真正伟大的公司来说，这种情况少之又少，在投资者的一生中可能只会遇到一两次。

最能说明这个问题的例子是 2000 年思科等高科技和互联网公司的股价被严重高估。在 20 世纪 90 年代末，科技股价格大幅上涨之后，基于股票价格，我们有理由得出这样的结论：这些公司股东的安全边际受到严重侵蚀。谨慎的投资者那时早该削减或清除这些头寸。

要想获得成长股投资的真正好处，仅靠买到可以上涨 100 倍的股票是不够的。正如格雷厄姆所说："从单独一家公司赚到巨额财富的投资，几乎都是由对该公司有深厚感情的人来实现的……这种情感因素使得他们愿意把大部分资源集中在这一家公司身上，并在之后所有的变迁中一直坚守。"

如果没有这样一种深厚的"情感关系"来证明这种坚守的合理性，投资者就需要一种投资多个优秀成长股的策略。这样，在保持审慎、分散的基础上，投资策略就可以在长期升值的同时充分享受复利的增长。投资组合的成长空间可以由多个优秀成长股投资共同创造，如果不是这样，整个组合的精彩奇迹就很可能在有生之年因被"修剪"而夭折。

价值型公司的现实

在讨论股息再投资时，我们将价值股描绘为成长股的最佳替补。但实际上，股息收益率为 6%、长期增长收益率为 5%，或一家股息收益率为 11% 的无增长的价值型公司是理想的状态，找到这样的投资机会非常渺茫。我们做出如此乐观的假设是为了突出成长股和价值股之间的结构性差异（相对于估值的差异）。

在现实中，股息收益率超过 5% 的公司非常少见，而且即使这些公司的股息收益率达到了这个标准，其增速也往往低于平均水平（每年 4% 或更低）。

然而，投资者仍然钟爱价值型公司的原因是什么？因为他们相信，这些公司为长期持续的回报提供了最佳可能的路径。总结下来，他们的理由就是"二鸟在林，不如一鸟在手"。换句话说，他们相信：与其冒着踩雷的风险去投资那些成长股，不如投资每年都能拿到一笔分红的价值股。

理念上的误解，加上对复利缺乏了解，已经让多数价值型投资者浪费了数目不小的银子。太多的投资者宁愿满足于一点更高的股息，也不愿意抓住机会利用成长股的优势获得丰厚的长期回报。在错过通过成长股获得更高回报的可能的同时，他们也经常为那些高股息股票支付过高的价格。

我们可以这样看，价值股市场的购买者往往会让自己的情绪左右自己的投资决定，他们愿意为稳定高股息股票带来的安心付出额外的代价。成长股市场的投资者却通常（虽然并非总是）能够发现更好的投资价值，但他们必须舍弃股息带来的眼前安宁。

价值型公司的"购买者"选择在"安全的"区域寻找他们的商品。这并不意味着他们在该领域找不到被低估的证券，但和他们一起购物的人会很多。这也意味着他们只能获得一个谨慎合理的回报（中高水平的个位数收益点数），除非他们特别擅长交易。

价值公司的问题在于相对同质性——投资者都倾向于在围绕价值的相同范围内交易，这使得寻找非常低价的机会变得非常困难。价值良好的公司，其交易价格应明显低于其内在价值，除非投资者愿意接受所谓的"贱股"，但这通常也意味着极端的金融风险。相比之下，成长股市场的波动性为你提供了源源不断的机会，你可以有更多的机会以低于其内在价值的价格买入股票。

成长型公司的未来：一切皆有可能

成长型公司的特征是它们一直都活力十足——它们会不断地发展变化。

10年前,苹果还是一家没落的PC制造商。如今,它已是一家强大的智能电子设备领导者,是互联网应用的重要终端。投资成长型公司的挑战在于市场总是有(已经有,而且很可能继续有)无数的公司可以获得两位数的投资收益。

问题不在于这些成长股是否昂贵,而在于你能不能找到建立自己投资头寸的机会。而在成长股投资上取得成功绝非易事,这绝对是一项艰苦的工作。但只要愿意付出适当的努力并持之以恒,那些勤奋的投资者就可以建立一个优秀的成长股投资组合。

最佳选择,不言自明

如果你是一个投资者,你会选择在哪里购物——成长型公司超市还是价值型公司超市?买便宜货的人可能更喜欢沃尔玛,在那里他们可以以最低的价格买到最便宜的东西。

对于长期投资者来说,他们的答案很明确:成长型公司比价值型公司有更大的长期回报潜力。

以下是成长股投资的主要优势:

1. 更少的决策和更少的交易。从事成长型股票投资,我们需要做更少的决定和更少的交易。成长股投资的目标是购买优质股票并长期持有;价值型投资的目标是找到便宜的股票,当它们价格上涨时就把它们卖掉。熟练的交易是价值公司投资策略的重要组成部分。实际上,有效的交易很少,代价也很高。

2. 时间是你的朋友。要想从成长型公司的投资中获得一个满意的复合收益,你只需要有耐心。你不必像对待价值公司那样,总是押注于随机的、短期的市场波动。相反,你要依赖的是市场的长期效率。投资成长型公司,时间是你的朋友。只要公司的发展持续向好,股市最终会让你的等待变成价值。

3. 关键决策的力量。有了成长型股票，你就可以通过关键决策的力量获得成功。只要一两只好股票，你就能获得高于平均水平的年复合收益率，即使你的其他股票只能获得平均收益。如果只是投资于价值公司，你实现这个关键决策的概率就会大大降低。如果你投资成长型公司，你需要抱有投资一个"幸运的"伟大公司的想法。有什么可以保证你能投中这样的公司吗？没有，但持有成长型股票，机会就大大增加了。

4. 有更好的机会获得两位数的年复合收益。如前所述，长期复合收益不是轻而易举就能实现的。成长型投资是一种买入并长期持有的策略，在这期间，你可以看到你的股票在未来多年不断成长和增值，且不用交一分钱的税。为获得更高的收益，价值投资者需要采取积极的买入和卖出策略。这意味着他们要持续不断地向政府交纳税费，还意味着他们要不断地四处寻找更多值得投资的股票。

现在你已经知道了价值股投资和成长股投资的区别，看到了成长型公司能为投资者带来的巨大机会。在接下来的几章，我们将帮助你制定一个周密、谨慎的成长型公司投资策略。我们还将为大家阐述在寻找真正的成长型公司方面的建议，包括如何利用"市场先生"来建仓，以及如何在投资成长型公司时建立安全边际。我们也会讲一些充满了"冲突"的故事。

| 第 3 章 |

格雷厄姆估值公式

（含 1962 年版《证券分析》第 39 章）

一家公司的内在价值完全由它的未来决定。

——沃伦·巴菲特

一般来说,飞机着陆是飞行中最危险的一个环节。这时飞机驾驶员必须操作飞机以每小时 140 英里⊖的速度沿着逐渐下降的轨迹飞行,然后在到达跑道上方时停止下降。难怪大多数飞行事故都发生在离机场 5 英里以内着陆的过程中。

安全着陆的关键是飞行员能够使飞机以稳定的空速逐渐下降。飞机运行时有俯仰、翻滚和偏航三维机动状态,在着陆阶段,这三个维度必须完美地结合。如果飞机在预定的航线上逐渐下降,飞行员可以选择提升向下俯仰(例如,将机头向下推)。这个动作可能会使飞机回到下降路径,但它也会使飞机的空速增加,这反过来又会使机翼产生的浮力增加,最终使得飞机上升而不是下降。我希望你明白我的意思。

多年前,为了应对频发的着陆事故,人们发现,冻结一个变量就可使飞行下降得更理想更容易。冻结飞机的俯仰是一个普遍的做法,通过调整飞机的动力来控制下降速度。这个简单的技巧为飞行员的安全飞行提供了重要的保障手段。

投资也是一种多维度的活动。为了应对这种复杂性,投资者开始依赖功能日益强大的计算机,他们认为这些计算机能够捕捉到许多变量之间的内在关联性。但这种方法往往会使得投资者忽视一种最宝贵的资源:人类的直觉。

对投资过程而言,最好的解决方案就是"冻结"一些变量,这样分析师就可以专注在数量合理的因子上。本杰明·格雷厄姆为所有投资者(包括成长型和价值型)提供了一个极其重要的工具,它通过冻结投资过程中的一个关键变量,简化了投资决策。

在 1962 年出版的《证券分析》一书中,他介绍了自己的估值公式。这

⊖ 1 英里 =1609.344 米。

个神奇的公式非常漂亮，也非常简单，通过它，投资者可以很轻松、很容易地计算出一家公司的内在价值。

格雷厄姆公式既适用于成长型公司，又适用于价值型（或无成长型）公司。投资者在评估一家上市公司时，利用格雷厄姆公式，就可以避免在很多重要因素之间抉择。

我们在本章后面转载了1962年版《证券分析》的第39章。

神秘公式

这个简单的、可以计算任何上市公司内在价值的格雷厄姆公式到底长什么样？要计算内在价值，先将收益增长率乘以2，再加上8.5，再乘以当前每股收益。公式如下：

$$(8.5 + 2 \times 增长率^{\ominus}) \times 每股收益 = 每股内在价值$$

让我们通过一些案例来看看如何应用这个公式。

以下案例说明了如何使用该公式对公司进行估值，案例分为三类：停止增长的公司、按平均增速发展的公司和快速成长的公司。

1. 一个停止增长的公司。在这个例子中，A公司的年收益为每股2美元。

$$8.5 + 2 \times 0（增长率）= 8.5$$
$$8.5 \times \$2（每股收益）= \$17（每股内在价值）$$

这家公司的每股内在价值似乎就是17美元。如果每股收益为2美元，股价为17美元，那么该公司对应的市盈率为8.5倍（收益率为12%），这是一家典型的成熟公司的市盈率。

2. 一个按平均增速发展的公司。公司B的年每股收益为2美元，年收益增长率为5%，这是标准普尔500指数成分股的典型增长率。按公式计算如下：

$\ominus$ 在实际计算时，用的是增长的百分点数。

$$8.5+2\times5（增长率）=18.5$$
$$18.5\times\$2（每股收益）=\$37（每股内在价值）$$

或许并非巧合，多数分析师将标准普尔 500 指数的市盈率设定在 15 至 20 倍之间。根据格雷厄姆公式计算，这只股票的市盈率为 17.5 倍（37 美元 / 2 美元），正好处于标准普尔 500 指数成分股中按平均增速发展的公司的市盈率正常区间的中位。

3. 一个快速成长的公司。公司的年收益为每股 2 美元，年收益增长率为 10%。按公式计算如下：

$$8.5+2\times10（增长率）=28.5$$
$$28.5\times\$2（每股收益）=\$57（每股内在价值）$$

这只股票的市盈率将为 28.5 倍，对于标准普尔 500 指数成分股中增长较快的公司来说，这个倍数相当普遍。

其他的估值公式

分析师们用来评估股票价值的公式还有很多。让我们来看看一些更常见的公式，并将它们与格雷厄姆公式的应用做个比较。

PEG 比率

这是投资界最常用的公式之一。公式如下：

$$每股内在价值 = 增长率 \times 每股收益$$

按照这个公式，一家每股收益 1 美元、年增长率为 10% 的公司，每股的售价会是 10 美元：

$$\$10=10（增长率）\times\$1（每股收益）$$

PEG 比率很简单，但它有几个主要缺陷。最显而易见的是对一家成熟公司的估值时，根据 PEG 比率公式，没有增长的公司将一文不值！

$$每股内在价值 = 0（增长率）\times 每股收益 = 0 \times \$1（每股收益）= 0$$

PEG 比率往往会低估公司的价值。如果一家公司以每年 5% 的速度增长，它的合理市盈率就是 5 倍。即使是一家增长率为 12% 的快速成长型公司，其合理市盈率也才有 12 倍。

因此，大多数分析师为了证明购买股票是合理的，会高估所持有股票的未来增长率——包括价值型公司和成长型公司。

现金流贴现估值法

另一个常用的估值模型是现金流贴现（DCF）模型。DCF 方法背后的理论非常可靠，我们将格雷厄姆模型和 DCF 模型的估值进行了比较（见附录）。我们发现，在合理的假设增长率范围内，两个模型的计算结果非常接近。

从数学角度考虑，通过 DCF 模型计算出的估值总额等于下一年的收益除以最低预期收益率和增长率之差：

$$每股内在价值 = EPS\ year\ 1/(h-g)$$

式中　　h ——最低预期收益率

　　　　g ——增长率

EPS year 1 ——下一年度的每股收益

如果以 12% 的最低预期收益率和 7% 的增长率计算，其差额为 5%。以此推算市盈率略高于 21.4 倍。对于同一只股票，按格雷厄姆公式计算其合理市盈率为 22 倍，这和 DCF 模型计算的结果基本一致。

问题是 DCF 模型有太多的变量，而且这些变量之间又相互影响。由于这一公式仅涉及最低预期收益率和增长率，因此人们很容易改变其中一个变量，来校准对公司的估值。一般而言，估值公式如果太复杂可能会适得其反，它应该是越简单越好。公司估值不是一门精确的科学，估值模型越简单、越直接越好，这样投资者就越容易将注意力集中在收益、现金流和未来增长等分析要素上。

估值模型的两个缺陷

所有的估值模型都有缺陷。

格雷厄姆的价值模型也是如此——仅仅根据盈利来推算一家公司的价值，就排除了非经营性资产可能产生的积极影响或非经营性负债可能产生的消极影响。

例如，假设一个投资者准备评估两家公司的价值，以确定最优的投资标的。A公司和B公司的每股收益都为1美元，预计在未来7年里都将以每年10%的速度增长。两家公司的股价均为每股10美元。投资者应该买哪只？

市盈率增长（PEG）模型会说，这两只股票之间没有区别。如果是这样就会误导投资者。假设公司A在资产负债表上有每股5美元的现金，没有负债，而公司B在资产负债表上有每股5美元的债务，没有现金。很明显，A公司（现金充裕的公司）的股票比B公司的股票是更好的选择，然而估值公式却没有说明这一点。

这就是为什么投资者在买入之前，除了要关注收益，还要检查公司的资产负债表，深入探究非经营性资产和负债的情况。

第二个缺陷与高利率的影响有关。

应用市盈率估值是否应该忽视高利率带来的影响？当然不可以。

格雷厄姆本人也谈到了这个问题，他建议，如果公司债券的长期利率超过4.4%，市盈率就应该下调。格雷厄姆选择4.4%，是因为1964年AAA级公司债券平均利率为4.4%。1974年9月18日，在纽约一场由特许金融分析师协会和金融分析师研究基金会联合举行的研讨会上，他介绍了修正后的公式。

修正后的格雷厄姆公式在计算公司内在价值时，将AAA公司债券当前到期收益率因素考虑在内：

$$\text{每股内在价值} = EPS \times (8.5+2g) \times 4.4/y$$

式中　g —— 增长率

　　　y —— AAA级公司债券收益率

通过这个公式，y对市盈率的影响很容易被推演出来。如果AAA级公司债券的收益率保持在4.4%，那么格雷厄姆的原始模型将保持不变。如果AAA级公司债券收益率上升到6.6%，那么市盈率将下降1/3（4.4/6.6=2/3）。如果AAA级公司债券收益率升至8.8%，那么市盈率将减半。在最后一个例子中，在其他条件不变的情况下，所有公司的未来估值都要相应减少。

对于那些使用格雷厄姆修正模型的人来说，有些告诫是必要的。该模型要求使用者对未来利率的预测有相当的把握。对于投资者来说，如果将最近的利率输入模型可能会产生误导。从1965年到1981年，长期利率逐步上升，这可能导致投资者持续输入模型的利率都是过低的。计算结果就会高估公司的未来价值。而到1981年，情况发生了逆转。从1981年到2000年左右，利率普遍下降。如果将当时最近的利率输入模型，又将低估股票的未来价值。这最终可能会使依赖这一公式的投资者错过历史上最大的牛市。

这个模型的另一个风险来自对增长率的预测。长期高利率通常与高通货膨胀相关。在通货膨胀时期，收入和收益的增长可能是通货膨胀带来的。

我们给投资者的建议：牢记高利率的影响，除非你确信投资环境正进入利率长期上行通道，否则不要轻易向下调整市盈率。

计算当前价值

尽管存在上述两个缺陷，格雷厄姆估值公式仍然适用于所有公司，包括价值型和成长型。

若想通过格雷厄姆估值公式计算一只股票当前的内在价值，我们必须首先估算公司正常化每股收益，并预测公司未来的收益增长率。

通过分析历史收益和现金流数据，投资者应该能够为目标公司的当前收益确定一个适当的发展水平。一般来说，投资者可以轻松地从公司公告等渠道查到足够的信息，这些信息包括过去、现在、预期收益和现金流数据等，投资者据此来对每个上市公司的当前收益做出合理的估计。

为了有效地使用格雷厄姆估值公式，投资者应该将当前每股收益转换为正常化每股收益。我们必须根据我们所处的整体经济周期和行业发展周期以及公司所处投资生命周期中的阶段进行调整。如果经济衰退，当前每股收益应该向上调整；在繁荣时期，当前每股收益应该向下调整。如果一家公司所在的行业处于衰退或竞争激烈的时期，当前每股收益应该向上调整；在行业繁荣时期，当前每股收益应该向下调整。如果一家公司正处于为未来增长而大举投资的时期，当前每股收益应该向上调整。

人们还必须对每家公司的盈利增长率做出预判。但**我们鼓励投资者将这个增长率建立在正常化收益的基础上**。这将有助于减少经济、行业和个别公司发展周期对估值判断的影响。我们所说的增长率特指该公司潜在的长期增长率。在关于成长股的章节中，**格雷厄姆解释说，他的公式基于"未来 7～10 年的平均年增长率"**。对本书读者而言，为了对自己的投资负责任,我们建议投资者使用7年这一年限,这比一个典型的经济周期长,但又在投资者可以判断、应对的范围内。

成长股与价值股

计算当前的内在价值对于不同类型的股票有着不同的用途。对于价值型公司来说,在未来7年里,一家公司的内在价值一般不会有太大变化。对当前内在价值的评估就成为一只股票能否买入的重要决策依据。

对于一家成长型公司来说,计算当前的内在价值只是投资过程的开始。投资成长型公司需要投资者根据公司未来的价值做出决定。这就是为什么当前的内在价值对成长股决策的重要性不如对价值型公司大的原因。但这并不是说对成长型公司内在价值的判断不重要。通过计算当前内在价值的过程,投资者可以对公司及其经营有一个更全面的了解。**全面了解公司目前的经营状况,正是投资者对公司未来价值评估的基础。**

理解一家公司的当前经营状况和内在价值,是投资者构建满意的安全边际的重要因素(我们将在第5章中讨论)。

如果无法准确判断一家公司目前的经营状况,我们就应该"别过此股",另攀高枝。

建立一个合理的7年预期

当你分析成长股时,为目标公司建立一个合理的7年预期是非常重要的。

在我们公司,为强调这一步的重要性,我们为每一家我们感兴趣的公司建立了一个详细的模型。为一家公司构建7年财务模型,是从对公司的利润表、现金流量表、资产负债表和公司管理实力的评价开始的。我们还会考察公司规模、行业规模、增长潜力和潜在利润率。根据这些信息,我们为公司制定了详细的预算。这份详细预算包括收入和盈利预测。我们还为每个公司制定了现金流预测和资产负债表。

并不是每个投资者都有时间、资源或能力来制定一个与我们一模一样的详细预测。那些不这么做的人必须非常小心，以避免做出过于乐观的增长预测，过度乐观或将给成长股投资带来灾难性的后果。

未来充满了不确定性，而投资者总想要为增长率估计一个范围。如果你确信一家公司可以以每年10%的速度增长，你或许会把增长预期扩展为每年8%到12%。只要你的决定不是基于最乐观的预测，这个预期范围应该就是合适的。

7年后会发生什么

随着时间的推移，即使是增长最快的公司也会走向成熟，增长速度也会放缓。为了更好地使用格雷厄姆公式，你需要在将来的某个时候把公司的增长速度降下来。对我们管理的每一笔资产7年后的增长预测，我们都是这样做的。

我们这样做有三个原因。

首先，我们认为，制定一个7年的预测已经非常具有挑战性。我们选择把分析的重点放在如何使预测更加合理和正确上。

其次，从长期来看，个体公司的盈利增长率往往向长期整体经济增长水平趋近。

第三，就像飞行员在执行着陆方法时冻结一个变量一样，我们选择冻结增长率这个变量是为了简化分析。

我们用什么样的增长率呢？我们的实证研究表明，大多数公司的年增长率都将不可避免地会下降到7%左右。我们将所有股票7年后的增长速度设定为7%进行分析。根据格雷厄姆公式，这意味着，按照我们的预测，我们持有的每只股票在第7年的最大市盈率为22.5倍。

计算未来价值

对成长型公司的评估需要运用两次格雷厄姆公式——对当前内在价值的评估和对未来内在价值的评估。由于成长型公司内在价值的动态变化，为确定合适的买入价，对公司未来价值的预测至关重要。

对于成长型公司的投资者来说，未来内在价值为投资者提供了一个关键的参考锚点，在此基础上，他们便可以决定是买进、卖出还是继续持有该股票。

评估一家公司的未来价值需要四个步骤：

1. 确定公司正常化每股收益。
2. 预测公司长期每股收益增长率。
3. 估计 7 年后正常化每股收益。
4. 使用格雷厄姆公式计算未来的内在价值。

我们已经讨论了步骤 1 和步骤 2。

为了执行步骤 3，投资者应该使用正常化的当前收益，并在接下来的 7 年以预期的速度增长。如果 A 公司的正常化每股收益为 1 美元，未来 7 年的预期增长率为 10%，那么 7 年后的正常化每股收益大约为 2 美元。

步骤 4 遵循步骤 3。投资者需要用资本化率来预测第 7 年的每股收益。按 7 年后的预测增长率为 7% 来计算，可用 22.5 倍的市盈率乘上 A 公司在 7 年后的每股收益。因此，A 公司在第 7 年的内在价值大约是每股 45 美元。公式是这样的：

$$A 公司内在价值 = [8.5+（2×7）]× 每股 \$2$$

若对公司未来进行预测，下面的数学方法将可借鉴。假设投资者对 A 公司未来 7 年的盈利增长预测为 8% 到 12%。如果公司现在的每股收益是 1 美元，每股收益增长率为 8%，那么第 7 年每股收益将增长到 1.71 美元。

如果公司的每股收益以每年12%的速度增长,那么第7年每股收益将增至2.21美元。对这两种结果都采用22.5倍的市盈率计算,其内在价值将在每股38.47美元至49.72美元之间。

越简单越好

为什么我们倡导这样一个如此简单的估值模型?简单和本质的可靠正是该模型最大的优点。长期以来,投资者一直在为(投资模型的)复杂和简单到底哪个好争论不休。随着计算机能力的普及,数学公式变得愈加精确,人们走火入魔地把估值模型变得越来越复杂。

复杂公式的问题在于,投资的世界没有那么精确。预期收益估计只是一种估计,而且使用本来就不准确的估计来建立精确的预测是不可能的。为了做出好的投资决策,我们只需要大致了解公司的内在价值。说的直接一点,复杂的公式本身不是我们所要的答案。

复杂数学模型的另一个潜在致命缺陷是,它们往往都是回头看的(而投资决策的重点是未来)。模型本身所依赖的都是历史数据,历史数据是否有助于做出正确的投资决策,谁也说不准。哪些历史数据是相关的,还需要投资者的分析和确定。

我们还认为,让整个投资过程保持简单,对投资者有好处。当今世界有太多让人分心的事情,以至于人们很容易就忽视了投资成功真正所需的少数关键因素。随着投资者经验的积累,他们将学会在购买股票时刻意忽略那些经常被误认为是重要的因素。大多数宏观经济因素无法以必要的精度预测,我们也无法理解这些因素与我们所持股票之间的联系。然而,大多数投资者总是把宝贵的时间浪费在分析这些他们不知道的事情或者与他们的投资决策没有关联的事情上。

关注点更加清晰、聚焦

一旦投资者接受了格雷厄姆公式越简单越好的观点，他们就应该喜欢格雷厄姆公式带来的各种优点。或许格雷厄姆公式最重要的好处在于，它能够消除人们在选股时所看到的许多诱人但不相关的变量，从而让投资者关注的点更加清晰、聚焦。为做出一个好的投资决策，格雷厄姆公式需要投资者务必关注的要点有：主营业务的质量和盈利能力、盈利增长、盈利增长的质量以及未来价值。GDP增长、债券收益率和短期经济状况等外部因素与单个公司的长期前景几乎没有关系，在使用格雷厄姆公式时可以不用考虑它们。

格雷厄姆公式的另一个主要优点是，通过"冻结"许多重要变量，投资者只需要在几个关键问题上进行深入研究和集中判断就可以了。格雷厄姆公式不仅提供了一个估值框架，而且还提出了一个合理的估值决策时间框架（7～10年）。

通过使用格雷厄姆公式，投资者可以将自己解放出来，让自己专注于决策过程中的两个重要部分：了解公司的运营和制定一份合理的7年预算。

格雷厄姆送给成长型投资者的礼物

本杰明·格雷厄姆一生信奉价值投资，但在职业生涯的后半段，他终于看到了成长股投资的力量。促使他改变的力量可能是20世纪50年代一些增长强劲的股票的表现，也可能是他在盖可保险公司投资上的成功。

不管是什么原因，格雷厄姆显然已经强烈地感觉到，投资界需要一种专门针对成长股的分析和评估方法。这就是他在1962年出版的《证券分析》第39章中送给我们的礼物。

这一章是迄今为止关于成长型或价值型股票投资最有用、最简明易懂的论著。格雷厄姆讨论了当时关于成长股估值的流行理论,分析了每种方法的优缺点,然后提出了自己的股票估值方法。

充满智慧又简明易懂,本章可以说是在格雷厄姆辉煌职业生涯中具有里程碑式的意义的一章,但它(在本书1962年以后的版本中)莫名其妙地消失了。

这里将原文整章转载。

《证券分析》(1962年版)
第39章:成长型股票估值的新方法

背景介绍

我们之前将成长股定义为:每股收益历史增速高于平均水平,并预计在未来一段时间内仍将保持这一优势的股票。(为了方便起见,我们将真正的成长股定义为预期年增长率至少为 7.2% 的股票,按照这个增速,其收益将在 10 年内翻一番,其他人或许会将最低增长率设定得更低。)当然,历史业绩优秀和未来不同寻常,不管是对投资者还是对投机者,总是充满诱惑力。在 20 世纪 20 年代之前,作为一个影响投资的因子,相对于财务实力和分红稳定性,预期增长的重要性还处于次要地位。到了 20 世纪 20 年代末,成长性一跃成为普通股投资者和投机者的首要考虑因素。这种预期让当时热门股票的高市盈率有了"合理"的依据。然而,分析师们忘了给这些成长股一个认真、科学的估值。

为成长股估值的第一个记录出现在大萧条之后的 1931 年,S.E.Guild 写的《股票增长与贴现表》中。这种方法在 J.B.William 1938 年出版的著作《投资价值理论》中发展成了一种全面的理论和技术。这本书详细阐述了一个基本论点:一只普通股的价值是其未来所有股息(分别折现后)的总和。对未来增长率的估计,将用于推算未来股息,进而计算股票的价值。

1938年，美国国家投资公司（National Investor's Corporation）是第一家宣称致力于购买成长股的共同基金，它将成长股定义为那些从一个商业周期的顶部进入下一个商业周期并有望继续盈利的股票。在接下来的15年里，那些业绩良好的公司越来越受欢迎，在人们对成长越来越关注的同时，却很少有人对成长股进行严谨的估值。

1954年年底，Clendenin和Van Cleave在一篇题为"成长股与普通股价值"的文章中提出了目前的成长股估值方法。[1]其中提供了一些基本的表格来计算未来股息的现值，这些表格中的计算基于不同的假设，包括增长率和增长持续时间，以及贴现因子。自1954年以来，有关成长股估值的文章大量涌现在金融报刊上（主要是《金融分析家杂志》）。这些文章涵盖了各种技术方法和公式，应用案例涉及道琼斯工业平均指数和许多个案，其中不乏对成长股理论及成长股市场表现的批判。

在本章中，我们主要讨论：

（1）现行成长股估值的数学理论基础形式；

（2）从有关文献中选取一些例证，说明这一理论的应用；

（3）给出我们对这种方法可靠性的看法，针对复杂的数学运算，提出更加简单的替代方案。

"永续增长率"方法

如果假定公司未来将以固定的速度持续增长，我们就很容易找到一个计算未来价值的公式。我们只需要用投资者的预期收益率减去这个固定的增长率，差额就是当前股息的资本化率。

这种方法可以通过该领域一位理论家早期文章中对道指的估值研究来说明。[2]该研究假设道指的永续增长率为4%，而总体投资者的收益率（或"贴现率"）为7%。那么，投资者将需要3%的当期股息收益率，这个数字将决定道指的价值。假设股息每年增长 4%，市场价格也会增长 4%，然后在任何一年，投资者每年都将获得 3% 的股息收益和 4% 的市场增值（两者都是基于初始价值而言）或者每年 7% 的复利增长。假设派息比率恒定，那么根据预期股息收益就可以推导出收益的等效乘数。在这篇文章中，派息率约为 2/3，因此收益的乘数就变成了 33×2/3 或 22。[3]

对于学生来说，重要的是要清楚为什么这种简单的股票估值方法会被那些复杂的方法所取代，尤其是在成长股估值方面。对于假定的增长率而言，5% 是相当合理的。如果派息率为 2/3，后者的股息收益率就仅为 2%，对应的收益的乘数为 33。但当预期增长率逐步提高时，对股息或收益的评估就会迅速上升。当增长率为 6.5% 时，对应的股息乘数为 200；当增长率大于或等于 7% 并且派息时，那它的股票价值将变得无穷大。换句话说，根据这一理论和方法，购买这样一只普通股，支付再高的价格也不为过。[4]

我们需要一种不同的方法

在许多证券分析师的眼中，7% 的预期增长率几乎是对一只真正的"成长股"的最低增长要求，因此上述简化的估值法不能在该领域使用。如果是的话，每一只这样的成长股都将价值连城。基于数学计算和审慎的考虑，高增长应该被限定在一个非常有限的范围内。之后，我们必须假定增长要么完全停止，要么以温和的速度继续，对应的收益的乘数才能降低到一个可以接受范围内。

目前对成长股估值的方法遵循的原则，通常是在一个 10 年左右的时期内，采用相对较高的增长率（当然公司间或多或少会有差别），此后第 10 年或对应"目标"年份的增长率将被降至低位，就可以用前面描述的简化的估值法。然后，该公司对应年份的估值将被折算为现值，其间获得的股息也要折现。然后将这两个部分相加，就可以得到我们所需的估值。

应用这个方法所需的假设：

（1）贴现率（或者预期收益率）为7.5%；[5]

（2）10年的平均增长率约为7.2%，即在10年里该公司的盈利和股息增长了一倍；

（3）第10年收入的乘数为13.5。（这个乘数相当于第10年之后的预期增长率为2.5%，股息收益率至少为5%。Molodovsky认为这是对公司后期增长的"忽视"，但我们更愿意称之为"保守"。

最后我们假设：（4）平均股息支付率为60%。（对于一家增长良好的公司来说，这个数字可能很高。）

根据这些假设，目前每股收益的估值如下：

A. 第10年市场价格的现值：第10年的收益将为2美元，市价27美元，其现值为27的48%，约13美元。

B. 未来10年股息的现值：股息从60美分开始增加到1.20美元，平均为90美分，合计约9美元，考虑到约70%的折现系数和平均5年的等待期，折现后股息部分的现值约6.30美元。

C. 总现值和乘数：A和B加总为19.30美元，对应的当期收益的乘数为19.3。

1961年道琼斯工业平均指数估值案例

在1961年的一篇文章中，Molodovsky选择5%作为1961年至1970年道琼斯工业平均指数合理的增长率。这将导致10年63%的增长，将收益从1960年"正常"的35美元（假设）提高到57美元，并产生1970年765美元的预期价格，对应1960年现值为365美元。此外，还必须加上70%的预期10年期股息，总计约300美元，即210美元的现值。用这种方法计算出的1960年道琼斯工业平均指数的估值约为575美元。（Molodovsky在

1961年将其提升至590美元。）

与债券收益率计算的相同点

同学们应该认识到，上面的计算与确定债券价格的数学算法是一样的，债券的收益率是给定的，其收益率由给定的价格决定。债券的价值或合理价格，是将每期利息和最终本金按其现值加总得来，贴现率或预期收益率等于指定收益率。在成长股估值中，目标年份的假定市场价格相当于债券到期需要偿还的票面价值。

理论界关于数学假设的研究

虽然道琼斯工业平均指数的案例中使用的计算方法可能被认为是一种有相当代表性的普遍的方法，但是我们必须注意到，不同使用者在选择具体假设或"参数"时相当任性。Clendenin和Van Cleave对公司成长期的假定长达60年，其他金融作家在计算中假定的时间有5年（Bing）、10年（Molodovsky和Buckley）、12～13年（Bohmfalk）、20年（Palmer和Burrell），最多的有30年（Kennedy）。他们选择的贴现率也是跨度很大，从5%（Burrell）到9%（Bohmfalk）不等。[6]

未来增长率的选择

大多数成长股分析师在预测未来增长时，往往不分公司具体情况便盲目使用统一的期限、统一的贴现率或预期收益率。Bohmfalk则将成长股分为三类，根据类别的不同，成长期界定在12年至13年之间，贴现率分布在8%至9%之间。当然，预期增长率会因公司而异。同样的，对于给定的公司，假定的增长率也会因分析师不同而不同。

如果一家公司的未来增长率完全是根据过去一段可接受时期内的业绩推算出来的，结果就应该是客观可信的。但所有金融作家都坚持认为，过去的增长率只应被视为分析一家公司的一个因素，不能机械地按照过去的增长率来推算未来的增长率。这种观点完全正确。我们还要提醒大家，即使是过去的增长率，也是由不同的分析师用不同的方法计算出来的，其"客观"程度也应受到质疑。[7]

适用于"正常化收益"的乘数

前面所讨论的方法产生了一个相当于 1 美元当前收益的乘数。这个乘数不一定适用于当期或最近的实际收入，它对应的应该是一个假定的"正常化"的数字，即出现在未来收益平滑曲线上的当前收益数字。1960 年和 1961 年道指的乘数一般都适用于"趋势线"上的收益数字，它们普遍比当时被假定为"低于正常"的实际情况要高。

简化估值公式中的股息 VS 收益

对成长股估值的"现代"方法与 J.B.Williams 的概念有很大不同，J.B.Williams 认为普通股股票的现值是未来所有预期股息的现值之和。诚然，未来 10～20 年的股息折现值是股票最终价值的构成部分，但随着公司预期增长率的增加，派息往往也会减少，相对于目标年份的盈利而言，股息的重要性也会下降。

预期股息支出可能出现的变化对最终的乘数不会产生很大影响。因此，假设我们所有公司在未来 10 年的平均股息支付率为 60%，接下来的计算过程将会简化。如果 1 美元的当前收益以任何假设的速度增长至第 10 年是 T，那么 10 年里股息的价值约为 $2.1+2.1T$。第 10 年市场价格的现值为 $13.5T$ 的 48%，即 $6.5T$ 左右。因此，当前收益为 1 美元的股票价值，或该股票最终的乘数，将等于 $8.6T+2.1$。

表 39-1 给出了各种假设增长率下的 T 值及其相应的乘数。

表 39-1

增长率（%）	10 年收益（T）（美元）	当前收益的乘数（$8.6T+2.1$）
2.5	1.28	13.1×
4.0	1.48	14.8×
5.0	1.63	16.1×
6.0	1.79	17.5×
7.2	2.00	19.3×
8.0	2.16	20.8×
10.0	2.59	24.4×
12.0	3.11	28.8×
14.3	4.00	36.5×
17.5	5.00	45.1×
20.0	6.19	55.3×

在股息支付率为 60% 的假设下，较低的增长率对应的乘数略低。用这种方法，它们当前的价值完全取决于当前收益和预期增长，股息作为单独计算的因素消失了。这一现象虽然反常，但更容易被接受，其中的原因是，**股息支付在成长股价值计算中的重要性下降了。**

成长股估值的悖论

让我们回到前面作为模型和范例的 Molodovsky 假设。按 Molodovsky 的方法，所有股票在未来 10 年内都将以当年收益的 13.5 倍卖出。（类似地，按 Bohmfalk 的假设，他在文章中评估的 100 只成长股，在 12 ～ 13 年后都将以 11 ～ 12.5 倍的市盈率卖出。）然而，1971 年的乘数在不同公司之间明显差异很大，而且那些在过去 10 年增长可观的公司的乘数，要比那些增长缓慢的公司高得多。

价值评估者的假设难道不应该更实际点吗——股票多少应该以与假定的增长率成正比的乘数卖出。如果一只股票的收益在 10 年内翻了一番，其现在的估值是其收益的 20 倍，那么为什么不能期望它在 1971 年以不低于其收益20倍的价格卖出呢？但如果假设成立，这只股票的现值就会被上调到当前收益的20倍以上，以避免出现超出7.5%的预期收益。这样一来，1971年收益的乘数就会高于20，而调整将不得不重复进行，直到现值接近无穷大。

按数学公式计算，对于任何假定股息收益率与增长率之和超过贴现率的股票，其目标年度的假定乘数必须低于推导出的当前乘数。否则，我们就会背离永续增长率和股息收益率之和超过7%或7.5%的假设，陷入无限估值的境地。

对给予未来10年收益将以10%的速度增长的股票13倍乘数的假设，有人提出反对。但如果从保守主义和安全边际的角度考虑，他们就会理解。Molodovsky估值结果不应该被视为如果实现预期增长，当前价格就会产生7.5%的年收益率，而应该是在这种情况下，年收益率将高于7.5%。我们认为，由于实际增长将被证明低于预期，投资者将这个数学结果作为对应的风险补偿是完全合乎逻辑的。

补充建议

为了给投资者一个具体的表述，我们建议，对我们所讨论的这类估值用以下两种方法的一种或两种进行补充。

第一种方法是在实现预期增长率的情况下，设法接近投资者真实可能的收益率。为此，最简单的假设是这些股票将在1971年以与估值机构根据1961年收益计算出的乘数相同的市盈率卖出。因为总是不可避免地使用超过13倍的乘数，这种方法将产生高于7.5%的收益率。这表明（1）预期增长带来了超额利润，或（2）初始估值中包含了一定的安全因素。同样的思路，第二种方法可以确定，如果实际增长率比预估低，我们可以知道在低多少的情况下，投资者按初始估值仍可以获得7.5%的预期收益。

让我们用一个预期增长率为7.2%的例子来说明。表39-1中所示的当前乘数 19.3 是基于 1971 年 60% 的股息支付率和 13.5 倍的乘数得到的。现在假设实际乘数恰好就是 19.3，这将使 1 美元在 1971 年增加 11.6 美元的现值。通过复利计算，我们可以看到，基于 1971 年的估值水平，买方以 1961 年收益的 19.3 倍买入，其实现的收益率约为 10%，而不是基本的 7.5%。同样，即使实际增长率平均仅为 5%，但只要乘数保持在 19.3 的水平，按此价格购买的投资者仍可以获得 7.5% 的目标收益率。（即，**如果买得足够便宜，即使增长率放缓，即使乘数持平，投资者依然可以获得目标收益**。）

从数学意义上看，上述计算并不完美，而且还有一点引导意味。但鉴于原始估值公式已经考虑了大约 1/3 的安全系数，我们认为结果并不离谱。

成长股估值应用

显然，对成长股估值的最直接和最积极的应用都是要选择有吸引力的（被低估的）股票和确定被高估的股票。前文讨论的 Molodovsky 和 Bohmfalk 的模型就是在解决这两个问题。前者为道琼斯工业平均指数中每一只股票都建立了一个"投资价值"模型，并将其与同期价格进行比较。作为一个整体，该组股票 1961 年 2 月的价格水平（649）比其中 590 只股票的投资价值高出 10%，其中 5 只股票的价格在其价值的 75% 到 95% 之间，15 只在其价值的 100% 到 120%，10 只在其价值的 120% 到 153%。根据前述估值得出的市场中股票廉价或昂贵的判断，既取决于 Molodovsky 使用的具体公式，也取决于他对年增长率估计的选择。后者的变动幅度在美国联合航空（United Aircraft）1.5% 的名义收益率和美国铝业（Alcoa）和伊士曼柯达的 10% 之间。

Bohmfalk 用另一种方式将他的估值与当前价格进行了比较。他将隐含在当前价格中的增长率计算在内，根据他的计算公式得出的估值将等于 1960 年 7 月的价格。他将 93 只股票分为三个小组，每组使用不同的贴现率和成长期。通常，他预计的增长率与市场价格中隐含的增长率相当接近。（他认为道琼斯工业平均指数的增长率为 6.5%，当时道琼斯工业平均指数正处于市场低位，也是过去 13 年的历史低点。）但在两种情况下，预计的增长率几乎是市场增长率的三倍；在一种情况下，市场增长率比他的预计高出 40%。

比较 Molodovsky 和 Bohmfalk 共同选择的 9 只股票的未来增长可能会很有趣。这里，基于 Bohmfalk 的发现，我们添加了 1946～1959 年的历史增长率。

表 39-2 显示，历史增长率在预测未来增长率方面起着重要的作用，尽管这并不是决定性的。同时，在对一特定公司应适用什么样水平的增长率上，优秀的分析师们也是仁者见仁，智者见智。

表 39-2　9 只股票的历史和预期收益增长率对比表

	历史增长率（%）	Bohmfalk 模型预测增长率（%）	Molodovsky 模型预测增长率（%）
联合化学染料公司	7.5	10.0	6.0
美国铝业	12.0	13.0	10.0
杜邦	10.0①	10.0②	7.0
伊士曼柯达	9.5	11.5	10.0
通用电气	9.0	10.0	10.0
固特异	12.0	9.0	5.0
国际纸业	4.5	8.5	3.5
宝洁公司	6.0	9.0	8.0
联合碳化物公司	9.0	9.5	5.0

①② 不包括通用汽车。

估价方法的其他用途

针对这一主题的许多研究都致力于探究价值（作为当前收益或股息的乘数）、增长率、增长期限和贴现率之间的各种相互关系。如果有实际或假设的股息收益率（或收益的乘数），我们就可以有选择地计算：（1）要在给定的年限内产生所需的总体收益，需要什么样的增长率；（2）要产生所需的收益，在不同的增长率条件下各需要多少年；（3）给定增长速度和时期，实际收益率会是多少。[8] 毫无疑问，这些对分析人员非常有价值，这使他们认识到增长速度和增长期限的定量研究的意义，并在看待成长股的当前市场价格时把这些数据考虑进去。

经验教训

投资实战业绩研究表明，**在计算热门成长股的当前价值时，需要更大的安全边际**。当然，我们也看到，在长期保持高速增长的情况下，尽管他们当时的买价对于当前收益的乘数非常高，但投资者在这类股票上的表现非常好。IBM 公司是一个很好的例子。从当时来看，按照未来收入增长和价格上涨趋势，其过去的股价总是明显偏低。如果过去的增速能够在未来长期保持下去，那么在 1961 年给 IBM 公司 80 倍的乘数也可能会被证明是低估的。IBM 公司的辉煌业绩使投资者受到了鼓舞，他们认为，任何一家公司只要最近有过良好的增长，而且其持续经营的前景被认为是一片光明，即使买入的乘数较高也是安全的。[9]

走出 IBM 个案耀眼的光芒，如果把成长股看作一个整体，我们就会看到一幅截然不同的画面。在过去 20 年里，成长股受欢迎的程度稳步上升，使得其股价居高不下，因此人们会想当然地认为，成长股的表现肯定优于市场整体。然而，现有数据表明，这种看似合理的预期与事实大相径庭。关于这一点，这里有三份材料可供我们参考：

1. 在 1957 年 5 月版《金融分析师杂志》刊发的一篇题为 "精选成长股组合的投资表现" 的文章中，T.E.Adderley 和 D.A.Hayes 两位作者对 1939 年、1940 年、1941 年、1945 年和 1946 年一本金融杂志上推荐的 5 个成长股投资组合的业绩表现进行了持续追踪，直到 1955 年年底。作者定期把每个投资组合的年度业绩（包含或不含股息）分别与道琼斯工业平均指数进行了比较。总的来看，二者表现出了惊人的相似，摘要如下：

表 39-3　总收益（包括股息）

持有时间（年）	推荐投资组合（%）	道琼斯工业平均指数（%）
3	26	22
5	65	60
10	153	165

截至 1955 年年底的 9~16 年间，前述投资组合的平均总收益率为 307%，同期道琼斯工业平均指数的收益率为 315%。

2. Bohmfalk 的文章列出了"精选成长股的 11 年（1946~1957 年）记录"，组合包含 24 只股票，它们的年度业绩介于 Air Reduction 的 6% 和 IBM 的 25% 之间。根据记载，该组合的平均收益率约为 13%，而表中同列的标准普尔 425 只工业股的平均收益率为 13.4%。

3. Wiesenberger 在《投资公司 1961》中对成长增值型基金的表现进行了单独分析。分析基于 1951~1960 年可查的 20 个基金，并假定把证券利润分红和其他资本收益全部进行再投资。该类基金在这 10 年的总收益率从 127% 到 392% 不等，均值为 289%。同期标准普尔 500 成分股的收益率为 322%。[10]

点评：这三项研究结果指出了在以未来预期增长率为主要依据来选股时所涉及的基本问题。我们尚不知数学估值方法对与市场平均水平比较的结果影响有多大。本章前面所述的那种完美的估值方法有可能在以后有更好的应用，但仅仅是有可能。然而，对使用精确的数学计算得出的估值，我们从根本上就不信任。我们认为这种以对未来业绩的不精确的预测或"猜测"为依据的估值，其基础本身就有问题。

我们给成长股估值的方法

对成长股的估值方法这个问题，近年来，本书提到的几位作者都以独立或合作的形式进行了研究，并总结了若干方法，形成了计算公式。这里我们简要介绍其中的三种。在给定增长率的前提下，通过不同的方法所产生的乘数并无太大的差别，这让我们感到有些意外。

第一种方法是将我们通常推荐的普通股估值方法应用于成长股，只不过在估值中排除了股息的因素。这意味着，只要给未来7年的平均收益一个适当的乘数，我们就可以推算一只股票的价值。对于任何预期增长率而言，其均值都将和中间年份或第4年的收入水平接近。（请注意，这并不是说要将我们预期的成长期减少到7年以下：第7年数字的乘数。）

我们的乘数范围的确定基于两个方面的考虑：第一个是将未来7年的增长率限制在每年最高20%。按照这个上限，未来7年公司的收益将增长3.5倍——这足以满足任何投资预期。第二步，类似地，是设定一个最高乘数——平均值或第4年收益的20倍。这个最大值为13倍乘数的150%，13倍的乘数适用于那些拥有中等前景的大型、稳健的公司（如道琼斯指数成分股）。我们预计它们未来的年增长率约为3.5%。基于以上考虑，随着预期增长率从3.5%升至20%，乘数相应地从13增加到20。计算过程见表39-4：

表 39-4

预期增长率(7年)(%)	基于第4年收益的平均乘数	当前收益的乘数
3.5	13x	15x
5.0	14x	17x
7.2	15x	20x
10.0	16x	23.5x
12.0	17x	27x
14.3	18x	31x
17.0	19x	35.5x
20.0	20x	41.5x

与 Molodovsky 模型意外地相似，两种方法推导的第 7 年收益的乘数都落在 11.5 到 12.5 的狭窄范围内。然而，同学们应该还记得，Molodovsky 模型和上面讨论的其他大多数方法都涉及股息收入和贴现率计算，而这里我们都没有考虑。

我们选取的第二种方法由 Charles Tatham 独立开发，并于 1961 年出版。[11] 他在"公用事业普通股估值"（第 43 章）一章中阐述了这一内容。

最后，在对前人的各种数学估值过程研究的基础上，我们总结了两种高度简化的方法，并获得了与那些复杂运算大致相同的结果。第一个是我们的"$8.6T + 2.1$"乘数公式，它直接从 Molodovsky 的理念发展而来，之前我们已经讨论过。第二个更简单，如下所示：

$$价值 = 当前正常化收益 \times (8.5+2G)$$

式中　G —— 未来 7～10 年预期年平均增长率[⊖]。

这个公式中的具体数字很大程度上来自这样一个观念：对于一个预期增长为 0 的公司，比较合适的乘数是 8.5；对于一个预期增长率为 2.5% 的公司，13.5 倍的乘数令人满意。（后者是 Molodovsky 的假设。）此外，根据这个公式，由各种假定条件算出的乘数，与其他数学计算费劲得出的结果看起来一样合理。

表 39-5 的数据比较了不同增长率下四种不同的乘数，以及根据 Molodovsky 模型计算的经典结果。

值得注意的是，基于未来 7 年的增长预测，增长率在 10% 以内时，我们推荐的方法算出的当前乘数与其他公式算出的乘数非常接近；当预期增速更高时，我们推荐的乘数比其他乘数更保守。这一方面是因为对第 8 年至第 10 年增速过度乐观可能带来巨大影响，还有一部分原因是我们自己强加给自己的限制，即未来乘数最高为第 4 年收益的 20 倍。我们已经表明我们对任何公司未来业

⊖　此处在计算时使用增长的百分点数。

绩大幅增长的预测缺乏信心，所以，我们也不想为自己的保守做出辩解。[12]

表 39-5

预期增长率（%）	0	2.5	5	7.2	10	14.3	20
10 年合计增长（%）		28.0	63	100.0	159	280.0	519
乘数							
• Molodovsky 模型①	11.5x	13.5x	16.1x	18.9x	23.0x	31.2x	46.9x
• Tatham 表②			18		25		
• "8.6T+2.1" 公式	10.7	13.1	16.1	19.3	24.4	36.5	55.3
• "8.5+2G" 公式	8.5	13.5	18.5	22.7	28.5	37.1	48.5
我们推荐的方法（7 年预期模型）	8.5	13.5	17	20	23.5	31	41.5

① Molodovsky 的方法基于这样一个假设：预测的 10 年增长率与前 5 年的实际增长率相同。
② 摘自第 43 章第 591 页 7 年增长预测专栏。

注释

1. *Journal of Finance*, December 1954.

2. See N. Molodovsky, "An Appraisal of the Dow-Jones Average," *Commercial and Financial Chronicle*, Oct. 30, 1958.

3. Molodovsky 在这里假设 1959 年该单位的"长期收益水平"仅为 25 美元，而实际数字为 34 美元。他用 22 倍乘数得出了 550 美元的估值。之后，他明显改变了方法，我们将在后面讨论。

4. David Durand 评论了成长股估值与著名的数学悖论"圣彼得堡悖论"之间的相似之处。See his article in *Journal of Finance*, September 1957.

5. Molodovsky 后来采用了这一比率来代替他之前的 7%，他发现，1871～1959 年，普通股持有者实现的年均收益率为 7.5%，它由 5% 的平均股息收益率和 2.5% 的利润、股息与市场价格的复合年增长率组成。

6. See R. A. Bing, "Can We Improve Methods of Appraising Growth Stocks?" *Commercial & Financial Chronicle*, Sept. 13, 1956; "The Growth Stock Philosophy," by J. F. Bohmfalk, Jr., *Financial Analysts Journal*, November

1960; J. G.Buckley, "A Method of Evaluation Growth Stock, " *Financial Analysts Journal*, March 1960; "A Mathematical Approach to Growthstock Valuation, " by O. K. Burrell, *Financial Analysts Journal*, May 1960; R. E. Kennedy, Jr., " Growth Stocks: Opportunity or Illusion, " *Financial Analysts Journal*, March 1960; G. H. Palmer, " An Approach to Stock Valuation, " *Financial Analysts Journal*, May 1956; and the various articles by Molodovsky.

7. Kennedy 将陶氏化学公司（Dow Chemical）过去 10 年的增长率设定为 16%，Bohmfalk 设为 10%，Buckley 则只给出了 6.3%。这些设定均发生在 1960 年。见注释 6。

8. R. Ferguson 在 1961 年 5～6 月刊《金融分析师杂志》第 29 页的一篇文章中，列出了一个巧妙的"算图"，或者说是成列摆放的各种数字，以方便地进行此类计算。

9. 在选择成长股时，后见之明和先见之明的区别在 IBM 这个例子中得到了很好的说明。美国证券交易委员会对投资公司的一项研究（将于 1962 年发表）表明，到 1952 年年底，118 只基金中只有一半的基金持有 IBM 普通股达到 1%。在持股比例最高的 30 家公司中，IBM 排在第 23 位。早在 1952 年，这些机构投资者就对 IBM 相对较高的乘数持谨慎态度。由于对 IBM 未来优异业绩的预测没有足够的信心，它们错失了对 IBM 进行集中投资的机会。尽管它们赶上了后来股市的大幅上涨，但由于持股较少，收益相对就不那么大了。

10. 这些业绩成果没有扣除共同基金股票的销售费用或标准普尔"投资组合"的佣金成本。See also the third calculation in Appendix Note 10, p. 741.

11. *Price-Earnings Ratios and Earnings Growth*, Bache & Company, New York, Oct. 2, 1961.

12. 不为高市盈率买单的案例最有说服力。在这方面，建议学员阅读 S. F. Nicholson, " Price-Earnings Ratios," *Financial Analysts Journal*, July-August

1960, pp. 43–45. 在对 100 只普通股的研究中（主题主要是工业类公司投资，包括许多最大的公司），作者发现，在 1939～1959 年的 11 个选定时间段内，那些拥有最低乘数的股票比以高倍乘数交易的股票升值表现更多。而在这些时间段内，亏损或升值相对较少的问题主要发生在高倍乘数组。一项对 29 只化学公司股票的研究也得到了类似的结果，例如，"50% 最低市盈率股票的平均涨幅比 50% 最高市盈率股票的高 50%"。Nicholson 的结论是："许多投资者显然低估了合理市盈率的重要性。"

| 第 4 章 |

投资决策的力量

你付出的是价格,得到的是价值。

——沃伦·巴菲特

为了更好地理解股票买入行为，我们来看一下购买汽车的决策过程。当你决定买车时，你必须先回答两个基本问题：要什么样的车？准备付多少钱？

如果你是一个老练的买家，为确定你想要的产品和型号，你会做一些研究。如果你想买一辆新车，你会通过网络查询价格，以确定可以向经销商争取折扣的空间。如果你在找一辆二手车，你可能会参照权威汽车价值评估机构的蓝皮书报价单，了解二手车的现行价格。

假设你决定买一辆二手的 2008 年款宝马 750，通过蓝皮书，你会发现该车型的平均价格是 7.5 万美元。如果你已经选定了车型，并了解了它的价值，那么下一步就是做出购买决定。

价格是购买决策中最重要的部分。如果你能以 7.5 万美元的价格购买到心仪的宝马 750，那将是一个合理的价格。在这笔交易中，你和卖方都没有优势。如果你花 3 万美元买了一辆同样的车，那你就非常幸运了。这就是所谓的买方优势交易。如果因为颜色太棒了，你就花 10 万美元买了这辆车，那你就被忽悠了。这笔交易的优势将属于卖方。

买车这件事，我们都希望能拿到合理或更低的价格，因为我们每一个人都不想为买这辆汽车花太多钱。

股市也是如此。我们都希望以一个合理或更低的价格买入股票。事实上，我们坚信"买入原则"在股票投资过程中最为重要。

可笑的是，当有潜在客户邀请我们一起讨论我们的投资方法时，他们总是更关心我们的"卖出原则"，而不是"买入原则"，话题完全跑偏，而我们认为买入决策远比卖出的决定重要。

当投资者配置股票等长期资产时，与其设计退出策略，不如堵住退出的大门。想象一下，你将持有股票至少 30 年，这个简单的原则将改变你的交易习惯，你将会把钱投向更好的公司。

汽车和股票的区别

正如沃伦·巴菲特所言，无论你买的是汽车还是股票，"你付出的是价格，得到的是价值"。当然，汽车市场和证券市场还是有一些差异。

首先，证券市场比汽车市场更具波动性，因此，公司股票的价格往往会大幅度偏离公司本身的实际价值。这一点给投资者创造了至关重要的机会。

其次，相比汽车市场，证券市场更具活力，但也更加不透明。车子的估值可能很容易，但要准确算出一家公司的价值就比较困难。在证券市场，很多时候，你今天买进的是豪车，但明天它就会变成一辆品质低劣的杂牌车。

最后，证券市场在每个交易日开放。如果你决定今天卖出一只股票，你通常可以在今天卖出，收益会在之后的3个工作日内到账。如果你有一辆车，你决定卖掉它，你必须首先找到一个买家，即使这样你也不能保证你能及时收到回款。

证券市场持续开放，给投资者带来的既有欢喜也有忧。格雷厄姆在《聪明的投资者》一书中阐述了股市的这一独特特征。

想象一下，你持有某私人公司的一小部分股份，成本是1000美元。你有一位非常乐于助人的合伙人——"市场先生"，他每天都会告诉你他认为你的股权值多少钱，并且依照他所判断的价值向你提供卖出或买进股份的机会。根据你对该企业发展与前景的了解，有时候他的价值判断还算合理。此外，通常情况下，"市场先生"会任由自己被乐观或恐惧情绪左右，此时他向你提出的报价会让你觉得有点傻。

如果你是一位谨慎的投资者或敏锐的生意人，对于是继续持有还是卖出这1000美元股份，你会根据"市场先生"每天的报价来决定吗？除非你同意他的观点,或你想与他进行交易。当他给你开的价格高得离谱的时候,你可能很乐意把股份卖给他;而当他的出价很低时,你可能会从他那里买进股份。在剩下的时间里,你会更明智地根据公司的运营和财务状况,形成自己对所持股份价值的判断。

股市每天都在报价,这意味着我们所有人都有机会在感知到恐惧时迅速逃离。如果你不喜欢你的股票,你当然可以马上卖掉它。在过去的20年里,科学技术的进步已经使得交易的直接成本更低,对小散户来说更是如此。

在证券市场可以随时卖出股票的功能是资本主义历史上最伟大的创新之一。你可以每天以非常低的交易成本向不知名的陌生买家卖出你的股票,这看起来好像很美好。

问题是,股票的每日价格信息往往会转移你的注意力,让你忽略公司的真实价值。通过偶然的机会,你以每股10美元的价格买进股票,当时公司的实际价值为每股30美元。很快该股票涨到了每股20美元。你的投资价值增加了一倍,但市场的报价仍然比公司实际价值低很多。此时,你应该坚守、加仓,还是赚到2倍就卖出?

你看到了吗,我们的注意力是多么容易被市场上每天变化的价格信息所干扰?我们认为,正确的决定是在这一点位加仓。因为该公司股票的交易价格还是比公司的实际价值低很多。可惜,有太多的投资者因为信奉"落袋为安,永不破产"这句格言而付出了高昂的代价。

投资者应该如何在抗拒诱惑的同时利用股市的波动呢?答案大家都很清楚,但要做到并不容易。投资者首先必须学会利用股票价格的波动买入,其次才是考虑如何利用波动卖出。在其他时候,投资者应该忽略市场波动,专注于股票背后公司基本面的分析。而要做到这一点,需要相当的纪律和充足的知识与心理准备。

设定买入价

在决定股票的买入价之前,你需要回答两个问题:

- 公司的内在价值是多少(根据格雷厄姆公式)?
- 你的"最低预期收益率"是多少?

在第 3 章中,我们展示了将格雷厄姆公式应用于成长型公司估值的思路。我们认为,成长型公司动态发展的特性要求我们既要计算公司的当前价值,也要计算公司的未来价值。下面,我们重点讨论如何评估公司未来 7 年的价值。

要估算 A 公司的价值,可以用图 4-1 展示。

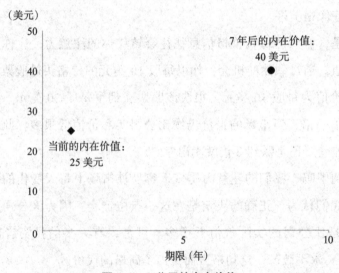

图 4-1 A 公司的内在价值

图 4-1 显示了该股目前的内在价值以及未来 7 年的预估价值。

正如我们在第 3 章中所写的,估计成长型公司当前的内在价值对于理解公司的运作情况是极其重要的,而在此基础上对未来价值的预测是我们买入决策的关键。

为了避免混淆,下面我们将跳过当前的内在价值,重点讨论未来的内在价值。

假设一家公司未来(7年后)的内在价值为每股40美元(见图4-2)。若公司不支付股息,我们很容易就能计算出不同买入价对应的预期收益。图4-3中的五个图表列示了不同买入价水平下的预期收益。这里需要注意的是,预期收益对不同的买入价相当敏感。

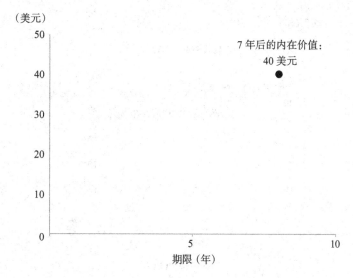

图 4-2　A 公司的未来内在价值

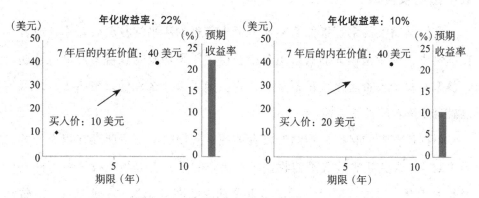

图 4-3　在不同价位买入的 A 公司收益表现

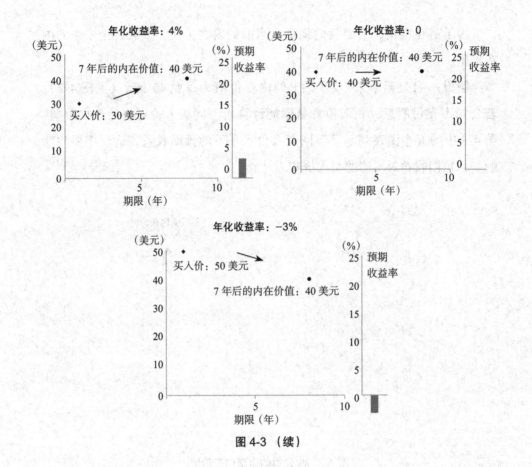

图 4-3 （续）

最低预期收益率

最低预期收益率是指你希望从投资中获得的年平均复合收益率，或者在本例中，你希望从你的股票组合中获得的年平均复合收益率。最低预期收益率对每个投资者来说都很重要，它决定了以什么样的价格买入，才可以满足投资者的投资目标。

根据投资者的目标，不同投资者的最低预期收益率可能存在很大的差异。对5%或更低的最低预期收益率，保守的投资者或短线投资者可能已经非常满意。更激进的投资者的最低预期收益率可能为8%或10%。少数具有投资气质和投资悟性的投资者可能会将最低预期收益率要求提高到10%以上。

你是如何确定最低预期收益率的？设定最低预期收益率的两个关键因素是你的投资需求和实现目标的能力。

在第2章中，我们建议投资者将目标收益率设定在比长期预期收益率高出2%左右的水平上，作为对市场周期性低迷的补偿。目标收益率和最低预期收益率本质上是一样的。举个例子，一旦你想清楚了你的现金流和退休生活需求，你就会有一个底线思维——如果通过投资获得的复合收益率小于8%，你的目标可能很难实现。为了补偿市场周期性低迷的煎熬，你在8%收益率的基础上再加2%，你的长期目标收益率或最低预期收益率将达到10%。

超越市场是困难的

在设定最低预期收益率时，有一个因素非常重要，却又经常被忽视——投资者实现最低预期收益率的能力。格雷厄姆和巴菲特都表示，从股票中获得合理的收益相对容易，但要获得超过市场平均水平的收益非常困难。事实上，在所有共同基金经理中，能够在任意一年跑赢市场平均水平的不到10%，而能在任意10年跑赢市场的只有不到2%。随着标准普尔500指数基金的推出，投资者应该能够有机会获得7%至8%的市场收益率。

对于那些喜欢投资个股的投资者，我们建议他们设定的最低预期收益率要高于市场收益率，可以是10%。我们同时建议投资者进行认真的自我反省，问问自己是否有相应的气质和资源来实现更高的收益。

那些想要通过投资经理获得更高收益的投资者应该明白，很少有投资经理能够持续跑赢市场。相反，绝大多数投资经理的表现逊于市场。想要获得更高的收益,在筛选投资经理时有几个重要因素需要考虑。虽然历史业绩很重要,但我们认为还有其他几个因素更为重要。你应该亲自和投资经理面谈,以了解她的能力、性格和勇气。如果对方是一位对量化数据更感兴趣的投资经理,我们认为其投资组合的换手率、员工流动率和客户流失率往往比其历史业绩更能说明问题。

不要改变你的最低预期收益率

一旦设定了一个最低预期收益率,坚持下去是很重要的,即使不断变化的市场和经济条件常常会诱使你做出改变。除非你的长期目标已经改变,否则你需要忽略市场,并对最低预期收益率保持近乎狂热的坚持。

一个稳定的最低预期收益率是你做出股票购买决定的基本原则。

图 4-4 展示了投资者(投资者 A)如何使用最低预期收益率来做出购买股票的决定。如果投资者的最低预期收益率为 5%,他可以以每股 28.43 美元的价格购买 XYZ 股票,对应未来 7 年的内在价值为每股 40 美元。

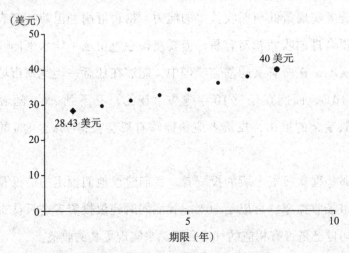

图 4-4 投资者 A 的预期收益率:5%

如果他以低于 28.43 美元的价格买进,这就是一笔对他有利的交易。

如果他支付的价格超过 28.43 美元,这笔交易就会让他处于不利的地位。(我们并不是要占卖方的便宜,只是为了确保我们能够实现最低预期收益率。)

在接下来的示例中,投资者 B 的最低预期收益率(10%)高于投资者 A。为了在 XYZ 股票上实现更高的最低预期收益率,她的买价不能超过每股 20.53 美元。如果超过 20.53 美元,相对于原定的最低预期收益率,她就会在交易中处于不利的地位。如果她的买价低于 20.53 美元,她就增加了获得最低预期收益率的机会。图 4-5 为投资者 B 的情况。

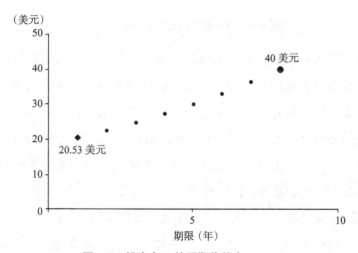

图 4-5　投资者 B 的预期收益率:10%

投资者 C 的最低预期收益率比较激进,为 15%。只有买入价不超过 15.04 美元,他才有机会获得 15% 的最低预期收益率。图 4-6 显示了投资者 C 的情况。

从图 4-4 到图 4-6 三个图中,我们可以明显感受到获得高收益率的困难。相比而言,投资者 C 的处境要艰难得多,要取得成功,他需要有超乎寻常的耐心和纪律。

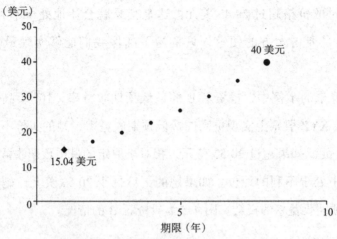

图 4-6 投资者 C 的预期收益率：15%

我们再怎么强调拥有一个明确和不变的最低预期收益率的重要性都不为过。公开股票市场的一个特点就是你能够与匿名人士进行交易。虽然你可能会试图去猜测为什么卖家会选择以给定的价格出售，但成功的投资并不需要我们知道交易另一方卖家或买家的动机——只要交易对我们有意义。这意味着，只要我们能够合理地评估公司价值，能够以赚取最低预期收益率的价格买入，我们就可以进行投资。

我们可以通过设定一个最低预期收益率来检验前述观点。

在下面的例子中，投资者 B 已经确定了一个 10% 的最低预期收益率。如图 4-7 所示，投资者 B 的最高买入价不超过每股 20.53 美元。

现在我们可以开始考虑投资者 B 在不同买入价下的情况。如果投资者 B 以每股 20 美元左右的价格购买 XYZ 股票，这就是一个"公平"的价格，她每年将获得大约 10% 的收益。如果她能够以低于每股 20 美元的价格购买这只股票，她就做了一笔受买方欢迎的交易。如果投资者支付的价格远远超过每股 20 美元，那这笔交易将对买家非常不利。

通过设定一个最低预期收益率，投资者的交易过程将会非常简单，决策也将更加直截了当。如果能以与最低预期收益率相等或更低的价格入手，你就可以放心地投资了。如果当前价格不能达到或超过你的最低预期收益率，那你就不要买。这原本就是一个老生常谈的决策套路。

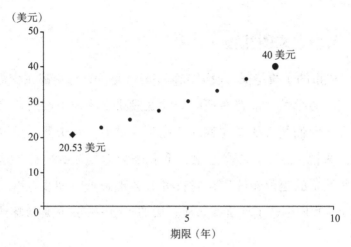

图 4-7　投资者 B 的最低预期收益率：10%

坚持你的最高买入价

在任何时刻，你要买入的股票都会面临三种情况：

- 卖方优势。卖方以不符合买方最低预期收益率的高价卖出股票。纪律严明的投资者对这个价格水平上的股票不会有兴趣。
- 价格公平。买家对这笔交易感到满意，因为他得到了一个公平的价格。
- 买方优势。买方在这样一个价格水平买入——可以获得高于其最低预期收益率的价格水平。

为什么投资者会以不利的价格购买股票呢？主要有两个原因：（1）他不知道公司的价值；（2）要么他没有设定最低预期收益率，要么他违反了最低预期收益率。

然而，坚持你的最高买入价并不会减少你在某一特定股票投资上赔钱的可能性。比如，有时，由于买入后发生了不利事件，原来对该股票未来价值的预测就过高了。这也是应该分散投资的理由，这样单只股票的不幸就不会对投资组合的整体收益造成致命的损害。

波动性：市场送来的礼物

波动是股市的本质特征。股票市场每日、每月、每年都在变化，个股亦然。我们不会把精力浪费在理解为什么股票市场或个股的价格会处于当前水平上，我们关心的是这种现象是否会重演。对于那些想要获得较高回报的人来说，这一点至关重要。我们需要市场为我们提供这样的成长股，这些股票的定价能够让我们获得12%的最低预期收益率，而股市的持续波动给我们创造了低价买入成长股的机会——这正是市场给我们的礼物。

格雷厄姆曾说，股市短期内是一台投票机，长期来看是一台称重机。换句话说，股市在短期内是随机的，在长期内却是绝对高效的。

有许多因素导致股市成了一个不稳定的短期投票机。当你了解这些因素及其对市场的影响，你就会明白为什么市场的波动是一个不断重复的现象。

在市场的短期波动中，重要的是人的本性和生理机能对波动的反应。人无完人，我们都会有与自己经历相关的偏见，我们都会受到恐惧和贪婪的折磨，我们也会受到生理反应的影响。在我们的股票投资组合表现良好时，一种被称为多巴胺的物质就会被触发释放，我们的大脑就会产生与摄入可卡因同样的兴奋反应。当投资组合净值下降时，我们的大脑告诉我们，我们正处于致命的危险之中。也就是说，市场上大多数投资者的情绪都在摄入可卡因般的高度兴奋和致命的恐惧之间摇摆！

当然，也有一些外部因素影响着市场并诱发波动。让我们来看看股市波动的主要原因。

交易驱动的经纪人

经纪行业本质上是创造交易的业务。零售经纪人通常是从客户的交易行为中直接提取佣金。这些人是最具创业精神的群体之一！他们非常善于让客户做出改变。近年来，零售经纪行业试图转向采用基于资产管理规模的薪酬结构。问题的关键在于这个行业要改变自己的定位。行业的管理费太高，客户无法接受。我们预计，这个行业将不可避免地回归到它最擅长的领域——创造交易。

经纪行业的成功者是投资银行家，他们通过创造交易赚取了巨额费用收益。

该行业的分析师所使用的框架，也旨在创建交易，分析师是为零售经纪人服务的。典型的分析师报告有12个月的时间框架，其买入或卖出建议通常基于该公司未来12个月的业绩是否会超过或低于"一致预期"。报告中充斥着"目标价格"和"短期催化剂"这两个词。

投资者应该明白，经纪公司分析师发布的报告每篇平均至少有两个缺陷。首先，这些报告对一项长期资产的评估期限仅为1年，这几乎没有意义。其次，这些报告的建议基于一个无法准确预测的数据：一家公司未来12个月的收益。

多年来，"未来12个月的收益"的不可预测性已得到充分证明。预测短期收益的难度，只要看一下公司利润表就可以理解。对于一个典型的公司来说，税前收益不到收入的10%。要让分析师做出合理准确的预测，他不仅要正确地估计收入，还必须准确预测公司可能要产生的大量、繁杂的费用开支。我们认为，对未来几年的收益做出合理预测，远比对未来12个月的收益做出准确预测容易。然而，将投资建议建立在这些基本上不可靠的预测之上，就是过去经纪行业的分析师做的事，未来他们还将继续如此。

在疯狂的交易活动和市场反应中，围绕经纪商的利益，分析师的预测展现了他们多变性。

个股公告

在过去 20 年里，美国公司提供信息的及时性和内容质量都有了显著改善。未经审计的财务报告将在每季度结束后 45 天内提供，经审计的年度财务报告会在会计年度结束后 90 天内提供，公司薪酬信息通过代理声明定期提供，投资者有足够的信息对所持股票做出正确的决定。

为了让投资者了解更多情况，许多上市公司纷纷发布季度盈利公告、召开相关电话会议。经纪业分析师等着（我猜他们气都不敢喘）要看，在过去的 3 个月里，公司表现是低于、达到还是超过了他们的季度业绩预测。如今，甚至还有一个"耳语"数字，与已公布的经纪行业预期相反，这个数字被认为反映了公司的实际收益走势。然后公司召开季度电话会议，讨论"业务基调"。公司股价通常会对这个数字产生剧烈反应（在一个交易日内上涨或下跌 10%）。

对于精明的投资者来说，这些季度业绩并不会直接预示未来的业绩。我们也发现，季度业绩与股票的长期表现之间几乎没有相关性。真正重要的是，有时市场对这些公告的反应（尤其是负面的）会给精明的投资者创造机会，让他们有机会以符合或超过最低预期收益率的价格买入股票。

经济政策的变化

长期的国民经济政策往往在支持增长和支持分配之间来回摇摆，投资者往往对这些变化反应过度。如果这种变化是朝着有利于国民分配方向的，投资者往往会看跌股市。如果政策变化是为了增长，投资者往往会更加乐观。

美联储货币政策的短期变化可能是引发股市波动的一个重要来源。如果美联储放松货币政策，市场的反应往往是积极的；如果美联储收紧货币政策，市场的反应往往是消极的。

经济危机

重大的经济危机可能是特别可怕的事件，但对于那些有胆有识的投资者来说，危机代表着机会，他们会利用危机带来的机会投资开发他们期待已久的母矿脉。

股市往往对宏观经济危机反应强烈。此时，许多投资者暂停了对公司未来发展的预测，还有投资者认为股票的未来价值已经下降。我们认为，那些在危机期间抛售股票的投资者犯了一个可以预见的灾难性错误。公司的未来价值更多地取决于其管理决策和行业状况，而不是整体经济。媒体对经济问题的大量报道往往降低了我们的敏感度，以至于我们忽略了什么是重要的，而把精力放在了那些不重要的事情上。

在大多数重大危机发生时，危机其实是问题的最后结果，而不是开始。危机实际上启动了问题修复过程的按钮。

这里还有一个更严重的问题，与宏观经济危机的后果有关——当投资者试图分析经济危机的影响时，他们的根本任务本应该是分析和发现巨大的投资机会，而现在他们的注意力被转移了。既然你不能有效地分析经济危机的影响，为什么还要浪费时间呢？在经济危机时期，投资者需要关注他们真正的目标，那就是为他们的投资组合发现和分析好股票。

正如投资者所了解的那样，经济危机通常会导致股价普遍下跌。而那些精明的投资者能够平息内心的不安，承认自己无法预测危机的结果，还知道此次危机将为自己提供一个改善投资状况的绝佳机会。

2008年，美国的银行和世界各地很多主要的金融机构纷纷倒闭。房利美和房地美进入破产程序。雷曼兄弟和美国国际集团（AIG）的倒闭，使得全球金融体系面临崩溃。这个体系能否维持下去，没人有把握。

受危机影响，美国股市从2007年的最高点下跌超过50%。许多优秀公司的股票更是跌了个底朝天。此时，投资者面临一个选择：是继续关注经济危机的走势（回暖是不可预测的），还是关注那些股价处于极低水平的优秀公司？答案应该是非常明确的。在2008年和2009年年初的市场低谷时，投资者是非常有机会获得超出最低预期收益率的业绩的。对于精明的投资者来说，2008年和2009年确实代表了千载难逢的买入机会。

波动性有利于成长股的投资

投资成长型股票而非价值型股票的一个好处是，成长型股票的波动性往往更大，这为有准备的投资者提供了更多的买入机会。通过简单的数学计算，我们看到成长型股票波动性更大的原因有两个。

在我们的投资策略中，成长型股票的购买决策是基于对公司未来7年价值的预测。价值型股票的购买决策是基于当前的内在价值。

成长型股票的波动意味着，对未来价值的估计往往会比对当前价值的估计变化更大。另一种思考方法是，成长型股票价值的一个主要影响因子是其未来的增长率（格雷厄姆的公式是 $8.5+2G$）。对于价值型股票，未来增长率对其估值的影响要小得多，而投资者对增长率的判断将对成长股估值产生更大的影响。

如下面的例子所示，下调增长率预期对成长型股票的影响要远远大于对价值型股票的影响。

价值型公司

每股收益为 1 美元的价值型股票的增长率从 2% 下降到 1.5%，增长率下降了 25%。下面的方程式说明了这个问题：

> 增长率下降之前：8.5 +2×2（增长率）=12.5，12.5×$1（每股收益）
> 　　　　　　= $12.50（内在价值）
>
> 增长率下降之后：8.5 +（2×1.5）= 11.5，11.5×$1=$ 11.50

在这个例子中，增长缓慢的价值型股票的增长率下降 25%，导致公司的内在价值下降了 8%，即从 12.50 美元降至 11.50 美元。

成长型公司

每股收益为 1 美元的成长型股票的增长率从 10% 下降到 7.5%，同样下降了 25%。下面的公式说明了 25% 的增速下跌对公司价值的影响：

> 8.5+(2×10)=28.5，28.5×$1=$28.50
>
> 8.5+(2×7.5)=23.5，23.5×$1=$23.50

在这个例子中，公司增长率下降 25%，导致公司的内在价值下降了 18%，即从 28.50 美元下降到 23.50 美元。

这对成长型股票投资者意味着什么？

成长股较高的波动性可能对纪律严明的长线投资者好处多多，这让他们不断有机会以对应最低预期收益率的价格买入股票。

成长型公司的发展历史表明，稳定增长是罕见的。更常见的情况是公司在增长上要经历加速和减速。图 4-8 展示的是一个 7 年模型，请注意稳定增长和变动增长之间的差异。

正如图 4-9 所示，对增长率的变化，股价往往表现出夸张的反应。

图 4-10 显示了增长率的变化和股票价格之间的相互作用。

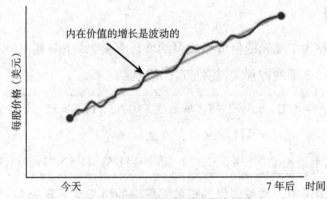

图 4-8 内在价值的增长是变动的

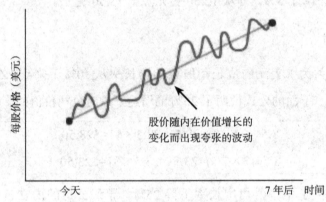

图 4-9 股票价格对内在价值增长的反应

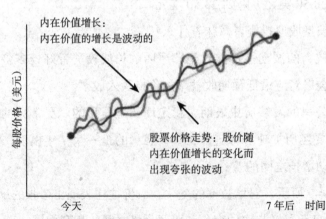

图 4-10 内在价值增长和价格运动的相互作用

将 7 年缩减为 2 年，得到图 4-11 所示的范围。

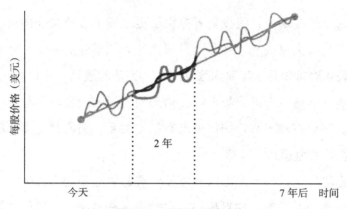

图 4-11　利用市场波动

图 4-12 显示在"放大"的 2 年期间，投资者可以对成长股逐渐地增加投资。这反映了我们理想化的方法。我们一般寻求慢慢建仓。在理想情况下，我们会分三次机会逐步增加投资，逐步构建到 3% 的位置。每一次买入，我们都获得了很多重要的知识，我们的股票投资也获得了满意的回报。

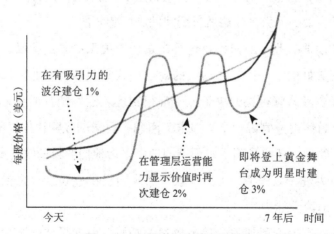

图 4-12　利用市场波动开展交易

当然，这是一个理想的情况，读者应该明白现实世界要比这复杂得多。

为什么要急着全仓买入

股市的持续波动为长线投资者提供了更多谨慎投资加仓的机会。比起在一个时点购买大量头寸，在几个月或几年时间里建立一个头寸有几个优势。我们公司通常要花 3 年时间来建立一个完整的股票头寸。

正如罗马不是一天建成的一样，伟大的公司和股票也不是一夜之间发展起来的。你如何建仓与你如何退出有很大关系。耐心建立头寸的做法教导投资者在持有股票时要自律。

虽然无法量化，但是你可以通过投资者购买股票的方式来衡量他们的年度投资组合的换手率。如果他们一次性买入全部头寸，我们估计他们的投资组合的换手率就会相对较高，如果他们建仓的速度较慢，他们的换手率预计也会相对较低。

缓慢建仓会附带一个关键功能：他让投资者对所持的股票持续跟踪研究。即使是最精明的分析师，也是通过查阅财务数据和采访公司管理层来获得一些粗略的信息。但这些分析师看到的其实是公司的一个瞬间快照，管理层实时决策的能力是无法通过瞬间的画面感知的。

我们可以把对股票的初始建仓看作是恋爱关系的早期阶段，当时的感觉一切都是美好的。一家公司伟大的商业模式和美妙的商业前景打动了初次相识的投资者，管理层的决策似乎都很正确。然后蜜月期结束，艰涩的局面来了。首席财务官因"个人追求"离职，公司的收购让你摸不着头脑。更糟的是，管理层还总是用一些无聊的理由来为他们糟糕的收购辩护。

慢慢地买进一只股票，可以让投资者在自己的仓位变大之前，感受管理团队的实时决策能力。

旋风式的闪电恋爱偶尔会带来成功的婚姻，但如果你花至少一两年的时间去了解这个人，婚姻的成功率通常会增加。我妻子不止一次地说，要想真正了解一个人，你至少需要经过一年四个季节。追求长期持有的投资者（投资就像是与他们的股票"结婚"）应该进行类似的求爱。

那些愿意通过几笔交易购买股票的投资者可以为自己创造一个有趣的局面。假设你计划将投资组合的 3% 投资于 XYZ 股票，你最初购买了 1% 的仓位，并计划在接下来的 2 年里再增加两个 1% 的仓位。

通过这种方式建仓，你可以为自己建立一个双赢的局面。如果 XYZ 的股价在购买后很快翻倍，你可能会想自己本应购买更多的股票。从来没有人能对一匹获胜的赛马下足够多的赌注。事实是，你已经从投资中赚到了。如果 XYZ 的股价在你购买后下跌，你就有更多机会了解该公司，或许你还能以更好的价格增加头寸。或者你可以借此机会重新评估该公司，改变你对公司前景的预期。

虽然使用这种策略会产生机会成本，但也可以避免产生实际现金成本。例如，如果你的股票在最初购买 1% 后翻了一番，你可能会想你本应买得更多，以便赚得更多。这是一个机会成本。尽管这种观点勉强正确，但这是一种误导。**机会成本不是真正的成本，它没有产生真正的金钱损失，你失去的只是赚更多钱的机会。我们真正应该避免的是一种真正的损失——你重仓的股票后来暴跌所带给你的实际损失。**事实上，对机会成本的恐惧给投资者带来的实际损失可能比其他因素都多！**慢慢地投资于一家公司可能会让你失去赚更多的机会，但也会帮你避免亏掉真金白银，我们认为这比什么都重要。**

思科的传奇

2000 年，当一位潜在客户告诉我她给她的狗取了个名字叫"思科"时，我以为"思科"可能是一只受热捧的股票。鉴于她和我年龄相仿，我又想，她指的"思科"可能源于过去一部老电视剧《思科小子》。不过，她纠正了我，她用股票"思科"为她的狗命名，因为这只股票让她赚了钱。

在解释买入价在投资决策中的重要性时，思科是一个教科书式的例子。从 2000 年到 2002 年，思科的股价经历了剧烈的波动。2000 年 3 月，思科的股价创下了每股 82 美元的新高。两年半后的 2002 年 10 月，其股价暴跌至每股 8 美元，跌幅近 90%。发生了什么？

问题显然不在公司本身。思科本身一直在发展，并在专业领域内不断取得卓越的成就。从 2000 年到 2007 年，该公司的收入增长了 84%，同期利润增长了 77%。

事实是，思科股价的暴跌更多是因为其股价前期被大幅高估了，而与其基本面无关。思科股价戏剧性波动的真正原因在于市场，而不是公司本身。

那些曾以虚高价格买进思科股票或随后又以远低于其内在价值的价格卖出思科股票的投资者，他们本可以利用格雷厄姆公式对思科股票进行估值，从而避免这些错误。根据格雷厄姆公式，如果按 7 年 12% 的增长率计算，该公司 2000 年的每股内在价值约为 17 美元，相当于其 82 美元价格高点的 1/5 左右。到 2002 年，按格雷厄姆公式计算，其内在价值将攀升至每股 20 美元左右，大约是其每股 8 美元现价的 2.5 倍。**使用格雷厄姆公式不仅可以帮助你避开价格虚高的股票，还可以在两年后思科股价远低于其内在价值时帮助你做出正确的投资决策。**

对于思科这样的成长型公司，重要的是看其未来的估值。你可能还记得，我们对公司估值时使用了未来 7 年估值的方法。基于对未来 7 年的预测，思科 2007 财年每股收益预计为 1.23 美元，该公司实际报告的每股收益为 1.18 美元。保守起见，我们将把思科的年增长率从 2007 年开始降至 7%。按照格雷厄姆公式，把 7% 的预期增长率导入，2007 年该股的合理价值为每股 28 美元。那些对数学敏感的人一看就知道这两个数据很接近：我们对 2007 财年每股收益的预测为 1.23 美元，再乘以 22.5[8.5+2×7（增长率）] 倍市盈率，结果与当年 28 美元的股价相差无几。

图 4-13 显示了思科内在价值的发展趋势。

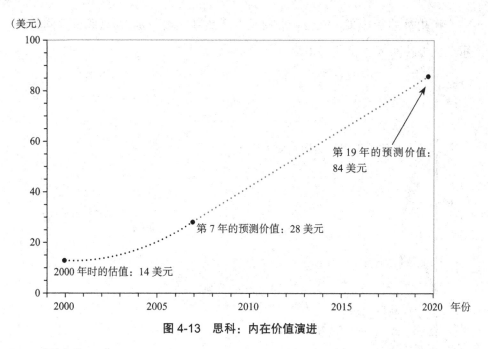

图4-13 思科：内在价值演进

资料来源：FactSet。

图4-14将思科的股价走势图与公司的内在价值演进图复合展示。从图上，我们可以看到，思科股价后来暴跌的原因应该是不可避免的。思科的普通股在2000年被严重高估，2002年则又被严重低估。那些关注思科真实价值而非股价的投资者可以轻松避免灾难，并有机会以比未来内在价值低得多的价格买入一家世界级的成长型公司。

撰写本书时（2011年），思科仍是一家世界级的成长型公司。在信息高速公路的建设领域，该公司一直保持着领先地位，利润和收入增长势头强劲。

对你所拥有的每一只股票，从决定纳入观察开始，买入决定将是你最重要的决策。如果一个投资者在20世纪只被允许做一个投资决策，我们断言，最好最实际的应该是第2章中描述的那个决策：在1932年对道琼斯工业平均指数的30只股票按同等权重买入。事后看来，1932年显然就是一个历史性的最佳买入机会。即使是一个菜鸟,按"将 30 只股票按同等权重"的方法买入也会收获得很好。

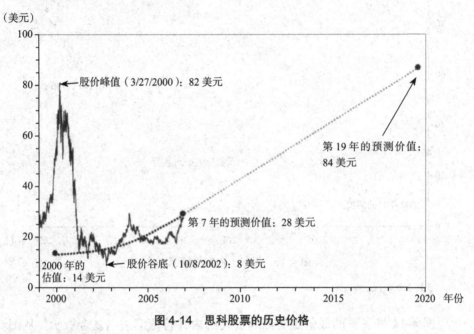

图 4-14 思科股票的历史价格

资料来源:FactSet。

这 30 只股票的总市值在当时约为 50 亿美元,如今已经接近 2 万亿美元,几乎是原来的 400 倍。这还不包括这些公司每年的股息,而这 30 家公司自身的股息现在已经超过了最初的投资。你能找到的任何交易决策都不太可能与这一例子相媲美,即使是卖空股票也不太可能。

最优投资组合将由(以合理价格或更低价买入的)成长型公司组成。如果一个投资者足够幸运,以"对的"价格买到了"对的"股票,那么理想的情况是,这些股票永远不会被过度高估,因此你也永远不必对你的投资组合进行操作。这就是投资决策的力量。

| 第 5 章 |

为成长股建立安全边际

  智慧的先人将人类的历史浓缩成一句话:一切都会过去。我们将同样永恒正确的投资戒条提炼为三个单词:Margin of Safety(安全边际)。

——本杰明·格雷厄姆

在我毕生的两大爱好——飞行和投资中，安全边际一直是一个至关重要的因素。如果在飞行时忽视了安全边际，就可能会命丧黄泉；如果在投资时忽视了安全边际，就可能会倒闭破产。

1970年，我在夏威夷的一个军事飞行俱乐部获得了私人飞行驾照。当时，根据美国《退伍军人权利法案》，我可以向联邦政府报销90%的培训费用，在了解到这个信息后，我开始着手考取更多的执照。此后，我一路拿下了商用飞行员执照、教员等级执照、仪表等级执照、仪表教员等级执照和双引擎执照。当我的一个兄弟买了一架飞机时，我正快乐地享受着"新爸爸"的生活，很少飞行。我的家庭条件还可以，攀比之下，我也买了一架飞机。这是一架漂亮的比奇富豪（Beechcraft Bonanza），装有非增压活塞发动机。这架飞机开起来不舒服，在忍受了几年漫长的飞行后，我买了一架比奇空中国王（Beechcraft King Air），这是一架涡轮增压驱动的双引擎飞机。保险经纪人直挠头，但最终还是允许我驾机飞行。接着我又买了两架空中国王，一个比一个大，一个比一个快。

乍一看，拥有一架飞机并不是一个完全理性的决定。但飞行带来的"更高、更远、更快"的感觉可以让有纪律的投资者重新思考价格与价值的关系。飞机每提高一节速度，就要花费更多的钱，但这是值得的。2003年我买了一架轻型喷气机，那是一架Beechcraft Premier I。哇！这架飞机从静止到每小时130英里的加速通常只要15秒。第一次驾驶Beechcraft Premier I时，飞机刚刚在低空平稳下来，我还没来得及反应，它就突然加速到325节⊖，远远超过了250节的速度限制（10 000英尺⊜以下）。我只好设法让这只豪放不羁的野兽慢下来。好在没有空中交警，没有因此受到惩罚。

⊖ 1节=1.852千米/小时。

⊜ 1英尺=0.3048米。

至今我已经安全驾驶这架飞机七年了，它就像一个时光穿梭机，从明尼阿波利斯到芝加哥仅需要45分钟，从明尼阿波利斯到纽约只要2小时。但与这样的速度相伴的是风险。在41 000英尺的巡航高度，飞机以每小时500英里的速度飞行，相当于每分钟飞8～9英里。你曾经遇到过这样的情况么——你开着车，突然警示灯亮了。这时，我们通常需要30秒或更长时间来理解问题并做出反应。在飞行中，如果遇到同样的问题，如果用30秒的时间，飞机就会飞4到5英里！速度是飞机飞行的一切。那么我们如何在享受速度的同时保持安全呢？

有趣的是，飞行安全与投资成功的关键因素是一样的：保持安全边际。从我作为投资者兼飞行员的角度来看，很明显，**航空业对安全边际的管理要远远好于投资界**。原因很明显：**在飞行中，违反安全边际的代价通常是灾难性的，而投资中违反安全边际的代价仅仅是个人的钱包和尊严**。

优秀的飞行员想的问题总是安全边际。不久前，一次飞行计划把我们推向了安全的边缘。我和妻子苏（以及我们的首席飞行员吉姆）计划从明尼阿波利斯圣保罗飞往蒙大拿州的海伦娜，中途计划在南达科他州的布鲁金斯停留，接我妻子的妹妹克丽丝。当时布鲁金斯刚遭遇了一场暴风雪。我打电话到机场了解跑道的状况，得知机场因为结冰已经关闭了。吉姆和我开始考虑其他的选择。走北面的沃特敦和走南面的苏福尔斯是摆在我们面前两个最好的选择。但沃特敦没有塔台，也不提供道面摩擦数据。道面结冰，没有反向推力，对我的飞机来说是致命的。而苏福尔斯既有塔台服务，也有航线服务。

这时克丽丝打电话来说她搭了一辆车去沃特敦。瞬间我感觉到飞行安全边际受到了严重的挑战。我告诉克丽丝，她必须想办法去苏福尔斯，否则我们就不能去接她了。有人可能会说，我拒绝了我妻子的妹妹，这是在用一种风险换取另一种风险。我觉得我可以用鲜花来弥补姐妹的关系，但如果在飞行中违反安全边际原则，一切将无法挽回。

好在结局一切顺利。克丽丝找到了去苏福尔斯的车，最终和我们一起来到了蒙大拿。

飞行员每天所做的决定都是要确保他们的航班一直处于安全范围之内。在安全边际的边缘操纵飞机并不一定意味着飞行事故，可它毕竟不是一个好的选择。

无论对管理我们的生活，还是对管理我们的投资组合，安全边际同样重要。体育界的分差是一个很好的例子。如果你是底特律雄狮队的球迷，你可能会对该队过去25年的失利记录感到失望。真正的雄狮队球迷会希望他们的球队赢得每场比赛。也就是说，他们没有给他们的球队留出分差。想象一下，如果底特律雄狮队每次输掉一场比赛，带来25分的分差，他们的球迷就会因此而得到奖励。在这样的赛季里，如果每场比赛都能得到25分，那么押注雄狮队就相当于拥有一个巨大的安全边际（因为情况不能再坏下去了）。没有人会在乎雄狮队是输还是赢，下注的球迷们只会因为发了一笔横财而得意扬扬。

我们换个角度来看安全边际。健康专家们一致认为，长寿的四个关键是适度饮酒、避免吸烟、合理饮食和经常锻炼。如果你遵循这四个准则，你就为自己建立了安全边际，但你能保证长寿吗？当然不能。如果每天抽三包烟，这样的人一定会早逝吗？当然不是。但如果你每天抽三包烟，你就降低了你的健康安全系数，从而减少了长寿的机会。

汽车安全带是另一个安全边际的例子。戴安全带并不能保证你在车祸中毫发无损。事实上，它甚至不能保证你比不系安全带的人受到更少的伤害。但是，那些系着安全带的人却有着更大的安全边际，他们获得安全的概率更高。

格雷厄姆因将安全边际的概念引入投资得到了业界的普遍赞誉。在他职业生涯的早期，当他的投资组合被1929年的崩盘几近摧毁时，格雷厄姆就领悟到了安全投资的意义。在《聪明的投资者》中，他写道："**真正的投资必须具有一定的安全边际，而真正的安全边际可以通过数据、合理的推理以及丰富的经验获得。**"

投资者非常重视并关注安全边际是可以理解的，因为这是有效投资的基础。安全边际的概念也是我们进一步理解适度分散投资的关键。许多投资者的投资实际上过于分散，他们通过多个共同基金持有数百家公司，而这些基金本身就过于分散。什么是适度的分散？投资者应该持有多少股票？这个数字因人而异，它和使投资者能够计算出令人满意的安全边际的股票数量成函数关系。仅仅为了分散投资而增加股票，这对你的安全边际没有任何贡献。在不知道有无安全边际的情况下购买股票无异于投资自杀。投资者需要确定每笔投资的安全边际。如果你只能计算出四只股票的安全边际，那么我们建议你把你的投资组合限制在这四只股票上，为了适度分散，最多再加上一只标准普尔500指数基金。

在飞行的安全边际和投资的安全边际之间还有一个共同点。熟练而安全的飞行员痴迷于在起飞前评估安全边际。实际上，当你乘坐的飞机离开地面，安全着陆早就被确认过是有保障的，唯一的问题是着陆的形式。避免着陆（事故）的唯一方法是一开始就决定不起飞。我们相信，**最好的投资者对待购买股票的态度就应该像最好的飞行员看待下一次起飞一样。除非能获得确保成功的安全边际，否则不要买入股票。**

安全边际通常是指股票的内在价值与其市场价格之间的差额。换句话说，如果一只股票的交易价格明显低于其内在价值，那么它就有很大的安全边际，而如果一只股票的交易价格高于其内在价值，那么它就没有安全边际。相对于股票的内在价值，你买得越便宜，你的安全边际就越大。

格雷厄姆本人高度关注价格，认为价格是决定安全边际的关键因素。

他认为，即使是购买一家非常平庸的公司的股票，只要安全边际足够大，投资者也可能获利。"我们的观点是，如果买方信息充足、经验丰富并采取了适度分散的措施，一个足够低的价格就可以把一个平庸的证券变成一个良好的投资机会。也就是说，如果价格低到足以创造可观的安全边际，那么这种安全就符合我们的投资标准。"格雷厄姆如是说。

格雷厄姆还认识到，仅仅用价格对安全边际进行定义未免过于狭隘。"投资者的主要损失来自在有利的商业环境下购买了劣质的证券。在市场向好时，一些名不见经传的公司仅凭两到三年的增长势头，就可以以远高于有形资产的价格上市。但无论从哪个角度来说，该证券都没有为投资者提供足够的安全边际。"

他建议，为了获得一个更精确的安全边际，在评估一家公司的真实价值时，投资者需要评估公司在数年内的表现——"最好包括一段业务发展的低谷期"。

格雷厄姆还指出了一个安全边际使用的重大缺陷："即使安全边际有利于投资者，单个证券也可能会出现问题。因为安全边际只能保证他有更好的机会获利，而不是说完全可以避免亏损。"

待在安全区内

安全边际没有明确的界限，它圈出一个安全区。你需要不断提醒自己，如果你越过了安全边际，不会有警示灯或"安全边际"警察来警告你。自律和终生致力于理解和应用安全边际的概念是有效运用"安全边际"的关键。

大多数投资者不会明确主动选择越过安全边际，但他们经常不知不觉地就走到了安全区的边缘。股市有很多不确定性，尤其是在短期内，许多投资者可能会受一些短期成功的诱惑，因此离开了安全区。

事实上，成长型股票有时会给忽视安全边际的投资者带来回报。就像瞎猫碰上死耗子、盲目的松鼠被橡子绊倒一样，成长型股票投资者也可能会偶然撞上一次伟大的投资，并将他的投资组合带到了很高的高度。

投资者的经验、经历和性格不同，对安全性的判断也会有所不同。仪表飞行实践提供了一个重要的例证。一个新手仪表飞行员第一次进入云层时会觉得这是一个不舒服的时刻，声音和以前是不同的，前方的能见度可能会降低或消失。而对于飞行指导员来说，这种体验不过是家常便饭。二者的区别在于培训和经验。但随着飞行员经验的积累，她开始喜欢在云中飞行。如果她设备操作正确，飞行在云中实际上更安全。为什么？因为天空中很少有其他飞机。经验丰富的飞行员会告诉你，在一个阳光明媚的周六下午，进入繁忙的通用航空机场的安全挑战远远大于在云中飞行，特别是机场内有很多小飞机和缺乏经验的飞行员。

大多数投资者没有意识到安全边际的重要性，对学习如何在各种不同的投资中处理安全边际，他们还不够重视。或许格雷厄姆给他的学生沃伦·巴菲特最大的礼物就是教会了他彻底理解、应用安全边际。

成长股的安全边际

格雷厄姆在《聪明的投资者》中阐述了价值股设定安全边际的基本要素，但他承认，为成长股设定安全边际需要不同的方法，原因是在长周期内成长型公司的内在价值会随着公司的发展而产生动态的变化。

对价值型公司的投资相当于购买价值相对稳定的资产。实践中价值型公司的投资者往往把支付的价格作为安全边际的主要变量，这种做法是正确的。如果你能以足够低的价格进行一项价值基本不变的投资，那么这个投资机会对你就是有利的。

但对于成长型公司来说，公司未来的价值远比公司眼前的价值重要。

格雷厄姆解释说："投资成长型股票的理念在一定程度上与安全边际原则相似，也在一定程度上违背了这一原则。成长型股票买家依赖的是公司的预期盈利能力高于过去的平均水平。在计算其安全边际时，他可能会用这些预期收益来代替历史收益。"

我们的论点是，成长型公司的投资者能够而且必须为每笔交易设定安全边际。在这一过程中，他们须要将他们的投资决策与公司的未来价值进行挂钩。

为成长型股票建立安全边际的关键

投资者为投资成长型公司建立安全边际，必须遵循三条关键原则：

1. 知道自己拥有什么。
2. 对未来的价值做出合理的估计。
3. 设定一个合理的最低预期收益率。

了解你所拥有的公司

无论是对价值型公司还是对成长型公司，建立安全边际的第一步都是研究公司。对于有兴趣学习如何分析一家公司的人来说，总是有大量的文献可供参考。虽然在本书中我们无法深入探讨股票分析的复杂性，但我们可以告诉你了解任何上市公司最简单的方法——阅读财务报表。自1995年美国通过《安全港法案》以来，美国公司被鼓励在其10-K、10-Q和代理声明中提供及时准确的财务报表。10-K和10-Q分别提供三种财务报表：利润表、现金流量表和资产负债表。这三份报表提供了大量的信息，可以让投资者全面了解公司是如何运作的。代理声明主要讨论管理层薪酬，通过对代理声明的简要核查，可以深入了解高管进行自我补偿的"尺度"。

那些希望对公司有更深入了解的投资者还有更多的问题要问，比如：

公司的收益、收入和现金流在相当长的时期内是不是在持续增长？公司所在的行业具有长期增长的潜力吗？管理团队是不是稳定且经验丰富？管理层有没有制定目标和里程碑？这些里程碑是否实现了？公司的服务和产品线拓展成功了吗？公司对待股东公平吗？

信息披露法规的变化，加上无处不在的互联网，使个人投资者能够方便地访问和阅读季度管理层电话会议记录和公司向机构股东发表的报告。这些文字记录为投资者提供了了解高管的宝贵线索。今天，任何投资者，无论大小，都可以充分了解任何上市公司的情况。

我们还建议投资者在日常生活中对不寻常的产品或供应商保持高度关注，零售业给我们提供了这样的机会。当你发现一个零售商售卖的产品质量一直都很高，且具有较高的性价比，那么这个零售商就在做正确的事情。那些伟大的连锁餐厅怎么样？创新类的电子产品呢？……如果投资者对公司在市场上的地位有所了解，他其实就已经开始关注公司，而不仅仅关注股票本身。

对未来的价值做出合理的估计

为了确定实际的安全边际，对公司的盈利和未来价值做出合理的预测是很重要的。

格雷厄姆在讨论自己的估值模型时提出了非常明智的建议，他预测长期收入增长率不应超过每年20%。 如果一家公司以每年20%的复合增长率增长，其收入每3.5年就将翻一番。7年内，收入将翻两番。在这种增长预期下，管理团队将承受极大的压力。如果公司保持每年20%的增长率，就会只有一半的员工在公司工作超过3.5年。如果公司保持正常的人员流动，超过一半的员工就将是新人。这家公司还必须不停地租用新场地。最重要的是，高利润高增长率还将吸引更多的竞争对手。

和格雷厄姆一样，为了谨慎起见，我们将增长率的估计上限定在20%。

一般公司的增长速度与名义 GDP 增速保持一致，也就是每年 5% 到 6%。10% 以上的增长率是相当罕见的；20% 或更高的增长率是极不寻常的，而且很少能持续几年以上。

投资者通常会把周期性的收益反弹与长期增长率混为一谈。通常情况下，一家公司在经历了一段衰退期后，其收益会出现周期性反弹。如果之前跌得足够狠，一家公司短期内可能会出现 100% 甚至更多的盈利增长。在这种情况下，**我们通常会在一个长周期内考虑平滑这些收入和收益，以确定一个更现实的增长率，这就是收益正常化。**

投资者在进行长期收入预测时必须非常小心。从纯数学的角度来看，如果你预估的增长率足够高，那么每只股票都是便宜的。因此，对收益和收入增速的预测应该是保守的、大概率可实现的。

图 5-1 显示了一家典型成长型公司可能的估值范围。

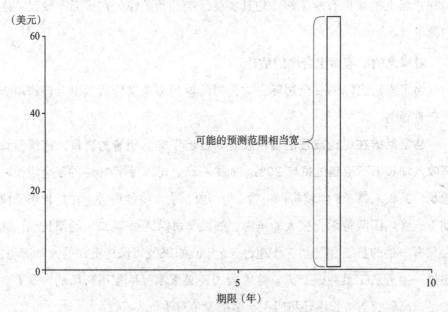

图 5-1　安全边际：对未来的价值做出合理的估计

格雷厄姆对预测中的乐观主义提出了警告。他解释称:"对于此类受市场青睐的股票,市场设定的价格远远超出了其未来收益的保守预测范围。针对传统市场所固有的危险,我们需要有特别的远见和判断,以明智的选择克服这类问题。"

在预测不可持续的高利润率时,投资者也必须格外谨慎。一方面,今天公司可能会有很高的利润率,但日益激烈的竞争可能会削减这样的利润率。另一方面,一个刚刚在研发或新设备上投入大量资金的公司,其利润率可能会进一步提高。

图 5-2 展示了对一家公司未来价值预测结果的可能范围。

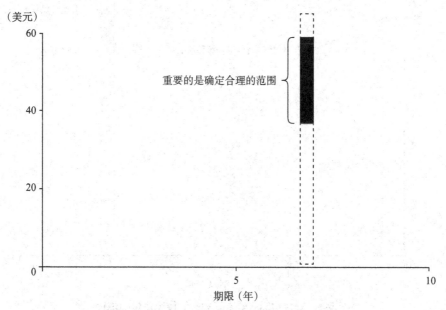

图 5-2 安全边际:对未来的价值做出合理的估计

树不会长到天上去

所有公司最终都会成熟。这意味着,所有公司的收入增速和利润增速都将趋于平均水平。对于成长型公司的投资者来说,公司增长率的主动"衰减"是很重要的。

在我们公司，**我们把每家公司在 7 年后的增长率降低到 7% 或更低，没有例外**。这看起来很武断，但基于多年的市场经验和确凿的经验证据，我们认为 7% 的上限与名义 GDP 增长基本相符。7% 的上限可以确保我们的预测不会过于激进，我们希望舒适地待在安全边际的范围内。

如果我们足够幸运，拥有一个或多个能够长期维持两位数增长率的稀有公司，那么我们将从其增长中获益。在这种情况下，**根据对未来增长的保守预测，我们会以一个合理或更低的价格买入股票**。

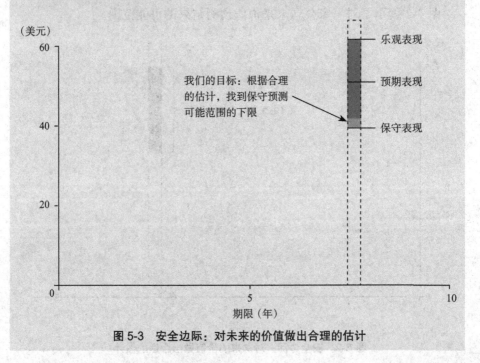

图 5-3　安全边际：对未来的价值做出合理的估计

设定一个合理的最低预期收益率

如果你对公司有足够深入的了解，并对公司的增长做出了保守的预测，一个最低预期收益率就会成为你衡量安全边际的第三个因素。最低预期收益率的具体内容我们在前面几章中已经讨论过，它是指你希望从投资中获得的最低年平均复合收益率。

如果你的目标是实现 10% 的预期收益率，那你就要以能够提供至少 10% 预期收益率的价格购买股票。图 5-4 说明了如何使用最低预期收益率来确定适当的最高买入价。

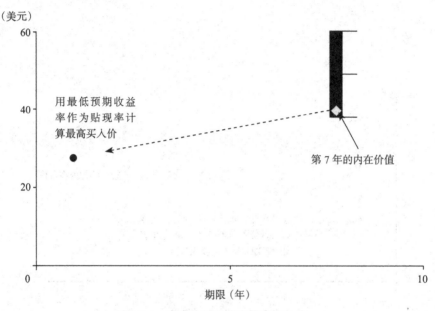

图 5-4　安全边际：确定最高买入价

以股票买入价的角度解释安全边际可能是最容易的。我们公司使用的最低预期收益率为 12%，**当我们评估一只股票的时候，除非我们能以满足最低 12% 的年平均收益率的价格买入，否则我们不会买它。**

（当然，你可以在比最高买入价更低的价位买入，更低的价格创造了更大的缓冲或安全边际）

如果能以 12% 的平均预期收益率的价格购买 XYZ 股票，我们就已经建立了足够大的安全边际。如果以年平均复合收益率为 8% 的价格买入，我们仍有可能从这笔交易中获得长期利润，但这样做已经侵蚀了我们的安全边际。如果我们足够幸运，能够以年平均复合收益率为 15% 的价格买入，就扩大了我们的安全边际。

图 5-5 展示了我们在购买股票时是如何建立安全边际的。一旦我们对这只股票进行了估值，并做了一个合理的 7 年预测，我们就会在一个能给我们带来足够安全边际的价格水平上买入这只股票。

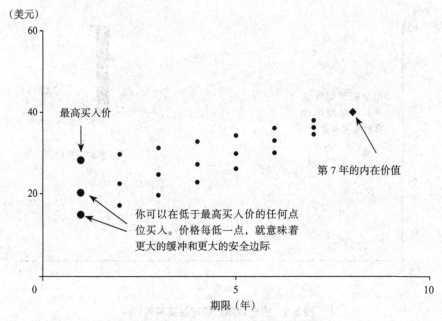

图 5-5　安全边际：以合理或更低的价格买入

图 5-6 显示，完整的安全边际由三个基本因素结合而成：对未来增长的合理预测，一个确定的最低预期收益率，以最高买入价为上限。

使用最低预期收益率往往会让投资者远离一个危险的行业标准——相对业绩。一旦投资者开始步入相对业绩的滑坡，他就会将最低预期收益率调整为一个可变的标准。如果投资者的目标是在未来 3 年内跑赢某个选定的股指或基准，那么该基准的预期收益率是多少？投资者是否每年都要改变基准的预期收益率？

如果你设定了一个最低预期收益率，那么在所有类型的经济或市场周

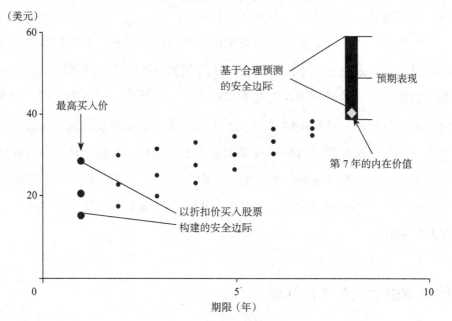

图 5-6　安全边际：合理未来业绩预测与合理买入价的结合

期中，你都必须坚持这个既定的最低预期收益率，这一点至关重要。否则，如果把最低预期收益率与一个特定的基准挂钩，你就会面临各种各样的问题。例如，股市因周期性原因而低迷 1 年，其间基准的预期收益率将高于往常。既尊重安全边际，又参考相对业绩标准的投资者，需要配置高于平均预期收益率的股票。在困难时期，我们不反对严格的标准，但当股市周期性上涨时，这个问题就会变得致命——意味着基准的远期收益率将低于平均水平。当市场上涨时，坚持相对业绩标准的投资者将不得不降低他们的最低预期收益率。简而言之，就是市场上涨反而降低了自己的收益标准。这个药方将大大增加投资者资本损失的可能性。

对于一家投资管理公司来说，不断转换最低预期收益率是十分糟糕的事情，团队在这个目标问题上进行彻底清晰的沟通至关重要。一个明确的、不变的最低预期收益率可以让分析师和投资经理集中精力关注组合中公司基本面的进展。

尽管投资经理常常被他们相对于市场的表现所评级，但我们更喜欢追求绝对的业绩表现。无论经济或市场状况如何，我们都保持相同的最低预期收益率。12%的最低预期收益率虽然有些雄心勃勃，但我们知道，如果能做到，客户就会继续跟随我们。还认为，雄心勃勃的最低预期收益率将使我们在一个长周期内击败所有基准收益率。当然，我们承认，在失控的牛市中，我们的表现可能会不突出，从而失去客户——事实上，这正是20世纪90年代末发生的事情。但在经历牛熊之后，我们的长期综合表现让客户非常满意。

成长型投资就像飞行驾驶

喷气式飞机本身速度很高，但如果严格遵守安全边际，就可以创造既安全又高速的舒适旅行，否则就会造成灾难性的后果。

成长型股票投资也是如此。投资价值型公司时不遵守安全边际的结果是痛苦的，投资成长型股票时不遵守安全边际的结果则是灾难性的。

橡树精选成长基金的历史业绩就是一个很好的例子。这里我们无意批判任何投资经理（或任何投资成长型公司的人）的诚信或能力，但橡树的经历表明了成长股投资是多么令人陶醉又是何其危险！该基金成立于1992年8月3日，总部位于俄亥俄州阿克伦，橡树联合公司一直担任该基金的投资顾问。

20世纪90年代，该基金重仓于科技公司，思科是其最大的招牌。该基金强调低换手率，这个风格和成长型公司投资特别契合。

根据FactSet公布的业绩数据，从1996年年底到2000年8月31日，该基金每股业绩的增长令人惊叹。1996年一笔1万美元的投资，到2000年8

月 31 日增至 36 890 美元。如果一位富有的医生在 1996 年年底从他的退休基金中拿出 100 万美元投资橡树基金，那么到 2000 年 8 月 31 日，他的投资组合将增至 368.9 万美元——那时这位医生一定在想着早点退休。

1996 年 12 月 31 日至 2000 年 8 月 31 日，橡树基金的年复合收益率高达 42.7%。不幸的是，该基金在接下来的两年里破产了。2000 年 8 月 31 日至 2002 年 9 月 30 日，该基金下跌了 76.5%。在我们的假设中，那位医生接下来会看到他 3 689 000 美元的投资顷刻缩水到 868 759 美元，他美好的退休计划也顿时变成了一团暗淡的记忆。

2002 年之后，市场总体复苏，该基金也跟着有所回升，从 2002 年 9 月 30 日到 2010 年 12 月 31 日，其每股净值增长 95.88%。此时，该医生将看到他的投资组合价值反弹至 1 701 725 美元。这意味着在投资该基金的 14 年中，他获得了约 70% 的收益，平均年复合收益率不到 4%。

但是在 2000 年，在令人难以置信的历史收益的诱惑下，那些以处在或接近当年的价格购买该基金的投资者，其结局又如何呢？根据 2001 年 2 月 CNNMoney.com 上的一篇文章记载，"截止到 2000 年 10 月底，该基金上涨了 25% 以上——在纳斯达克掉头直线下跌之前。随着投资者的涌入，其资产规模翻了一番，达到 60 亿美元。"

投资者追逐热点回报，这从来都不是一个好主意，其结果用脚趾头也可以想到。事实上，正是投资者的蜂拥而至，导致了橡树基金的毁灭性暴跌。如果在 2000 年 8 月 31 日对橡树基金投资 100 万美元，那么在 2002 年 9 月 30 日的低点，其净值将只剩下 23.5 万美元。即使支撑到 2010 年年底，最初 100 万美元的投资也只值 46.1 万美元。这就是我们所说的灾难性投资。

你认为投资者在该基金每股价值大幅下跌后该有怎样的反应呢？长期投资者可能会说：这些公司仍然不错，只是股价下跌了。事实上，精明的投资者可能已经增持了她的基金份额。不幸的是，数据显示恰恰相反——

投资者们抛弃了他们的基金。该基金从2000年第四季度的峰值60亿美元缩水至2010年年底差不多3亿美元，缩水达95%，每股下跌了53.9%，这意味着投资者从基金中撤出了资金，而不是追加投资。

从这个不幸的故事中，我们或许可以学到很多东西。我们集中讨论三个最重要的教训。

首先，投资成长型股票可能会带来极大的诱惑。神话般的回报可能导致非理性的买入；糟糕的表现又可能导致不理智的卖出。成长型股票的投资者必须学会自律，以应对这些诱惑。

其次，我们猜测一下基金经理在橡树基金存在期间对投资组合持有的看法。我们怀疑基金经理所面临的困境与我们在第2章中讨论的一次重大的持仓成功有关——案例中的赢家也是思科。20世纪90年代初至2000年思科惊人的业绩让该基金的早期投资者受益。而到2000年，基于对思科未来前景的合理预测，该公司股价已经被严重高估。第一步，也是显而易见的一步，我们认为基金经理本可以对新资金、新投资者关闭基金。这样做可以阻止后续资金继续高价买入思科。下一步，基金经理也本应想到，思科股价的极度高估已经明显缩小了该项投资的安全边际，当时至少应该谨慎地减少一些头寸。

最后，基金投资者集体决定在基金高点或接近高点时买入，在触底后卖出。他们的这种行为使情况变得更加糟糕，更加具有灾难性。对比那些在2000年年末就卖出所持股份的投资者的结局，他们本可以享受超常的收益，而不是灾难性的损失。

这个故事还有一个重要的教训——所有的投资者都会做出错误的决定，**只有那些尊重安全边际的投资者才会避开灾难性的错误决策**。如果基金经理已将该基金对新入场的资金关闭，或该基金在价格上涨后，投资者没有投入新的资金，损失将远没有那么严重。

安全边际的概念可能是本杰明·格雷厄姆给所有投资者最好的礼物。安全边际在生活和投资中都很重要，对成长型股票投资者尤其重要。它可以在投资过程的所有阶段指导你、帮助你，让你以一个可接受的价格投资股票，同时避开价格过高的股票。它还可以帮助你避免将糟糕的决定进一步推向灾难，是你每一个投资决策过程中必不可少的参考依据。如果飞行员能始终在安全边际内驾驶，那么你也可以做到。

| 第 6 章 |

伟大的成长型公司的特征：
拥有确定的持续竞争优势

如果没有竞争优势，就不要去竞争。

——杰克·韦尔奇

投资者经常错误地认为凡是业务增长迅速的公司都是优秀的成长型公司，其实二者有很大的区别。毫无疑问，增长是公司长期价值创造的关键，但如果只关注增长前景而忽视其潜在商业模式的质量就可能会比较危险。正如格雷厄姆在《聪明的投资者》一书中警示我们的那样："**公司显而易见的业务增长前景，并不一定会为投资者带来显而易见的收益。**"

以 20 世纪 40 年代和 50 年代快速增长的航空业为例，格雷厄姆阐明了自己的观点。一项颠覆性的技术推动了需求的快速增长，航空业可以说就是当时的"互联网行业"。当时所有主要的商业航空公司几乎都在这个领域积极扩张。从 1941 年到 1960 年，行业产值从 1.35 亿美元增加到 29 亿美元。然而，尽管行业增长可能超过了最乐观的预期，但利润微薄，而且经常被随之而来的周期性亏损抹去。这给航空业的长期投资者带来了灾难性的后果。我们的结论是：**如果业务快速增长的同时伴随巨额亏损，那这样的公司就几乎不可能成为伟大的公司。**

如果业务的巨幅增长不足以将一项伟大的投资与一项普通平庸的投资区分开来，那么关键的要素是什么呢？下面这个航空业的案例可以清楚地说明这个问题。虽然历史已经证明，航空业对长期投资者来说大概率是无利可图的，但从 1971 年开始，一家名为美国西南航空的后起之秀步入这个行业，并很快向行业亏损趋势发起了挑战，改变了投资人对航空业的认知。从 1971 年到 2009 年，整个航空业产生了 396 亿美元的巨额损失，而同期美国西南航空却创造了 66 亿美元的利润。该公司的长期投资者因此获得了丰厚的回报。自 1971 年 6 月首次公开募股以来，该公司股价上涨了 4674%。

这就引出了一个问题：在其他主要航空公司深陷困境时，为什么美国西南航空能够保持持续盈利？发展机遇相同，竞争条件相同，发展结果却截然不同。我们将美国西南航空卓越的业绩表现归结为一个关键的区别——商业模式的优势。西南航空的商业模式是高度防御性的，而其他公司则不然。

防御性商业模式是一个伟大的成长型公司的典型特征，也是将潜在的优秀投资标的与其他公司区分开来的关键。

防御性商业模式

从投资的角度来看，相比商业模式薄弱的公司，一个拥有防御性商业模式的公司能够以更快的速度增加其内在价值。其中的要义是，内在价值的增长是长期投资收益形成的关键驱动力，因为随着时间的推移，市场价值将与公司的实际价值趋同。

为了充分理解一个防御性商业模式是如何提升公司价值的，我们需要重新审视内在价值的定义。公司的内在价值是所有未来现金流的净现值（贴现率参照最低预期收益率）。那么，任何能够明显、持续提高现金流的做法都会对公司的价值产生重大影响，而一个防御性商业模式可以让一家公司同时做到这两点。

我们总是能很容易地在伟大的成长型公司身上发现其商业模式的防御性，但作为一名投资者，你需要在公众对其有共识之前就发现它们。为什么有些商业模式是防御性的，有些则不是？更重要的是，你将如何识别具有防御性商业模式的公司？如果你可以提升自己甄别防御性商业模式公司的能力，并且成为自律的投资人，那么你赚到自己投资本金的10倍、20倍甚至100倍的概率将大大增加。要做到这一点，我们需要更好地理解防御性商业模式的基本特征。对防御性商业模式而言，首先也是最重要的属性是公司要具有可持续竞争优势。

可持续竞争优势

本质上，可持续竞争优势的核心是拥有持久的、独特的、动态的资源组织能力，这一点可以让公司拥有更大的机会赢得客户。

以美国西南航空为例。其定位于开发二线机场航线，以有限的便利设施为顾客提供点对点的航线服务，公司甚至只采购一种机型。这一系列措施使得美国西南航空的成本明显低于规模更大、更成熟的竞争对手，反过来又让西南航空获得了巨大的市场份额，并创造了诱人的利润。

可持续竞争优势对促进公司长期价值创造具有多方面的积极影响。首先，竞争优势是保护公司财务回报免受竞争侵蚀的关键。如果没有竞争优势，企业获得的回报将不可避免地下降到平均水平。其次，竞争优势也将使公司能够投入更多的时间和精力来改善现有的客户价值主张，而不是浪费宝贵的资源来应对竞争者的攻击。最后，公司的长期业务规划被简化，而且因为竞争优势，其未来收入将更加稳定，公司的财务风险也降低了。

"竞争优势"作为一种投资理念有着巨大的价值，但对普通投资者而言却是"说起来容易，用起来难"。1985年，哈佛大学教授迈克尔·波特在他的著作《竞争优势》中首次使用了这个词。沃伦·巴菲特也谈到了竞争优势对投资者的重要性，他说：**"投资的关键，不是评估一个行业将怎样影响社会，或者它将增长多少，而是确定一家公司的竞争优势，尤其是这种优势的持久性。"**

为了更好地确定潜在投资标的公司的竞争优势，你需要理解竞争优势和竞争战略之间的区别。

一个可持续竞争优势在本质上是结构性的。它不仅仅是让一家公司暂时领先于竞争对手的一系列战术举措（如价格折扣或可复制的成本削减策略），也不仅仅是一种独特的长期经营战略。可持续竞争优势根植于公司底层的商业模式中。

竞争战略是一种选择。它说明了一家公司未来将如何在市场上赢得竞争。例如，某一行业中的某些公司可能会努力成为低成本的生产商，而其他公司可能会采取策略为特定的客户群体提供优质产品和服务，还有一些公司可能会选择强调有利于客户的分销或技术能力。竞争战略的排列组合是无限的，竞争优势的表现则不然。

由于可持续竞争优势本质上是结构性的，在市场上其地位一旦被牢固确立，它就独立于未来的战略选择而存在。当然这并不是说战略选择不重要，它们的地位还是重要的，因为一个成功的战略选择可以增强公司的竞争优势，而一个不明智的战略选择则会削弱公司的竞争优势。作为投资者，我们对战略选择是否符合公司的竞争优势感兴趣。

战略专家可能会马上站出来说，一个定义明确、执行良好的商业战略，可能会让一家公司在以前不存在竞争优势的行业中获得优势，就像美国西南航空一样。然而，预测哪些公司将会在未来发展出竞争优势，远比确定哪些公司目前就有可持续竞争优势要困难得多。前者超出了本书的讨论范围，而后者却是普通投资者经过努力就能够做到的。他们只要掌握了正确的理论，做了足够的智力工作，就可以得出合理、准确的结论。

我们试图发现具有可持续竞争优势的公司，这种内生的竞争优势能够使公司在未来多年内实现盈利的增长。根据我们的经验，**竞争优势有两种类型：一种是具有将潜在竞争对手挡在市场之外的壁垒，另一种是客户的转换（供应商）成本很高，以至于他们不愿意转向其他供应商。**

竞争壁垒

竞争壁垒本质上是竞争对手为了进入行业必须清除的障碍。至少，有效的竞争壁垒将会严重阻碍竞争对手向潜在客户提供类似的产品或服务。在许多情况下，这些壁垒将潜在的竞争者完全排除在市场的大门之外，从而形成了几近垄断的局面。一些公司正从高竞争壁垒中获益的主要表现有：竞争对手数量有限，新进入市场者稀少，市场份额高且稳定，甚至对监管机构在产品或服务需求上的决策有重大影响。

竞争壁垒的基础可以是监管、资产或规模等因素。

监管壁垒

监管壁垒可以是指法律、法规或市场自律组织为防止竞争者进入而制定的行业标准。没有谁比山姆大叔或其他有广泛监管权的利益组织说话更有分量了，它们告诉潜在的竞争者轻易不要过来抢饭吃。监管壁垒可以是直接的，也可以是间接的。直接的监管壁垒包括知识产权法、费用、许可证要求和资本化要求。间接的监管壁垒包括补贴、有针对性的减税，以及政府的倾向，比如免于诉讼。

监管壁垒为竞争者制造了巨大的障碍。然而，由于它常常依赖于少数监管者反复无常且政治化的决策，这种竞争优势往往显得非常任性。投资者必须谨慎评估监管壁垒在政治生态变化时存续下去的潜力。

最典型的监管壁垒莫过于医疗保健行业（包括医药和医疗器械行业）的监管壁垒。美国食品药品监督管理局（FDA）要求企业在向医生或消费者销售产品之前，必须证明其安全性和有效性能够达到令人满意的水平。对于制药公司来说，一种前景广阔的新药的审批过程往往需要10年甚至更久，而且要花费数亿美元。这个过程需要遵循严格的规程，进行长期昂贵的临床试验。能进入临床试验的药物最终也只有一小部分能获得FDA的批准，这一方面是因为未知化学和生物制剂性能的不确定性，另一方面是因为FDA严苛的标准。很少有公司有这样的资金实力和管理经验能够经受这一过程。作为对FDA批准所需要的大量时间和金钱的补偿，制药公司将获得一段时间的独家销售权，以收回成本并获得利润。

要说明这种监管壁垒的威力，看看曾经轰动全美的抗抑郁药物百忧解（Prozac）的发展历程就知道了。百忧解（氟西汀）由美国礼来公司研发，于1987年获得FDA批准。在20世纪90年代初，百忧解成为一种家喻户晓的畅销药物，其年销售额曾经达到了 28 亿美元的峰值，这在很大程度上要归功于 FDA 提供的监管壁垒。2001 年 8 月，当巴尔（Barr）实验室的仿制药氟西汀获得 FDA 的批准后，这一竞争壁垒被消除了，百忧解的销量直线下降。如图 6-1 所示，仿制药氟西汀获批两年后，百忧解的销量较峰值暴跌了 77%。

图 6-1　百忧解的销售走势图（1988～2006 年）

有一种鲜为人知的监管壁垒是由私人标准机构设立的。下次在客厅的时候，注意一下数码电视机或蓝光播放器的前面，你可能会看到一个品牌技术的清单，这些技术已经被整合到电子设备中。你可能没有意识到，这些技术的应用是由私人标准机构强制要求的。例如，标准要求所有 DVD 和蓝光播放器必须使用杜比音频处理技术。这对杜比来说是一个强大的竞争优势，因为当设备制造商在为一项强制性的声音技术付费时，其他的音频技术公司的前景就会令人担忧。这正是我们所看到的，杜比和小型音频技术公司 DTS 基本上形成了一种双寡头垄断的局面。杜比和 DTS 的音频技术在专业视频、消费电子设备领域占据了绝大部分市场份额。到目前为止，杜比的技术已经应用到了50亿台设备中。通过杜比令人刮目相看的财务业绩（见表6-1）和包含杜比技术的设备产品不断涌现，我们清楚地看到了杜比公司极具竞争力的市场地位。

表 6-1　杜比运营指标摘要

年度截止时间	2001-09	2002-09	2003-09	2004-09	2005-09	2006-09	2007-09	2008-09	2009-09	2010-09
收益（百万美元）	125	162	217	289	328	392	482	640	720	923
营业利润（百万美元）	10	1	48	68	84	130	187	287	364	429
营业利润率（%）	7.9	0.3	21.9	23.5	25.6	33.1	38.8	44.8	50.5	46.5
正常化每股收益（美元）	0.07	0.00	0.35	0.46	0.50	0.73	1.03	1.56	1.97	2.33
投资资本回报率（%）	N/A	N/A	N/A	52.9	62.0	64.2	60.8	36.7	35.9	40.9

另一个常见的监管壁垒是专利。专利可以保护一家公司的技术、制造过程，甚至是公司在特定场景下的特定业务流程不被模仿。许多公司都会吹嘘其专利投资组合的规模，实际上，绝大多数专利都没有实用价值。然而，有一小部分专利在竞争中构成了强大的壁垒。Gentex 就是一个利用价值性极高的专利组合设置壁垒的例子。

Gentex 的主要业务是设计和制造光电产品，将光电传感设备与相关电子电路结合起来，生产汽车后视镜、可调光飞机窗和火警报警器等产品。该公司的旗舰产品是 1987 年首次推出的电致变色自动调光镜，这一后视镜使用的专利技术可以检测后方来车发出的光线，并使后视镜表面变暗以减少眩光。Gentex 共有 321 项美国国内专利和 208 项国外专利，范围涉及电致变色技术、汽车后视镜、麦克风、显示器、传感器技术等。专利壁垒，加上行业经验和可靠的原始设备制造商业绩，使得 Gentex 的后视镜销量稳步增长，并在提供自动调光镜的车型市场中占有主导地位。2009 年该公司占有超过 83% 的自动调光镜市场份额。表 6-2 提供了 Gentex 的财务信息。

表 6-2 Gentex 运营指标摘要

年度截止时间	2001-12	2002-12	2003-12	2004-12	2005-12	2006-12	2007-12	2008-12	2009-12	2010-12
收益（百万美元）	310	395	469	506	536	572	654	624	545	816
营业利润（百万美元）	82	115	147	150	136	126	139	91	93	191
营业利润率（%）	26.4	29.1	31.3	29.7	25.4	22.1	21.2	14.6	17.1	23.4
正常化每股收益（美元）	0.34	0.47	0.59	0.60	0.54	0.53	0.60	0.40	0.42	0.85
投资资本回报率（%）	19.3	22.8	27.7	33.0	27.6	22.5	22.2	14.4	16.0	28.8
自动调光镜出货量（百万）	7.2	8.8	10.3	11.6	12.6	13.4	15.2	14.3	11.7	16.8

许多监管壁垒是以明文法规或标准的形式出现的，为竞争提供了明确的壁垒，但在现实监管中还有一些壁垒的存在形式是不易察觉的：补贴，如乙醇补贴；税收优惠待遇，如利用和投资替代能源的税收减免；还有诉讼保护。这些监管壁垒可能不会明确地拒绝竞争者，却会显著增加竞争者进入的成本或减少竞争者的时间优势，这给潜在的竞争对手造成了严重障碍。

Cabela's 公司是一家从间接监管壁垒中获益的专业零售商。公司通过商品邮购目录、在线销售以及不断扩大的零售网络为消费者提供种类繁多的狩猎、露营和捕鱼设备。以广泛专业的库存、独特的装饰，以及大型水族馆和来自世界各地的动物坐骑为特色，Cabela's 商场业已成为户外爱好者的聚集地。该公司庞大的门店通常每年能吸引 400 多万人，这个数字已经超过了某些大型赛事。美国职业棒球大联盟（Major League Baseball）排名第一的球队在 2010 赛季第 81 场主场赛程中，也只不过吸引了大约 370 万名球迷。对于一些寻求经济增长和发展的城市来说，Cabela's 就是它们梦寐以求的零售业务。因此，一些地方政府纷纷以优惠的税收待遇和有针对性的道路等公共基础设施投资政策，来吸引 Cabela's 落户。这些激励措施可以显著降低前期投资和持续运营成本，而这些收益的一部分在公司的资产负债表上以一种名为"经济发展债券"的资产形式出现,如表 6-3 所示。

表 6-3 Cabela's 运营指标摘要

年度截止时间	2001-12	2002-12	2003-12	2004-12	2005-12	2006-12	2007-12	2008-12	2009-12	2010-12
收益(百万美元)	1 078	1 225	1 392	1 556	1 800	2 064	2 350	2 553	2 632	2 663
营业利润(百万美元)	62	76	85	97	115	144	151	141	93	187
营业利润率(%)	5.7	6.2	6.1	6.2	6.4	7.0	6.4	5.5	3.5	7.0
正常化每股收益(美元)	0.72	0.89	0.96	0.96	1.08	1.35	1.40	1.31	0.86	1.62
投资资本回报率(%)	N/A	N/A	16.6	14.2	10.3	10.4	8.5	7.1	6.6	9.5
经济发展债券(百万美元)	29	56	72	145	146	117	98	113	109	104

不幸的是,即使有竞争壁垒的优势,像 Cabela's 这样的公司也不能幸免于错误决策带来的恶性影响。Cabela's 曾决定开设一些超大规模的门店,事后证明,这些门店超出了市场需求。而且库存管理也很松散,这削减了公司 2007～2009 年的利润。屋漏偏逢连夜雨,在接下来 2008 年和 2009 年的严重衰退中,零售业受到的打击尤为严重,进而放大了公司决策失误的影响。然而,这并没有削弱间接监管壁垒带来的好处。事实上,自 2009 年以来,该公司已经开始在战略方面开展了内部纠偏,在确定新店规模方面执行得更加有效,并大大提高了库存管理能力。2010 年开始,公司的投资资本回报率实现了回升。

资产壁垒

资产壁垒是指公司因优先或独家拥有特有资产而形成的竞争壁垒。这些资产可能是有形资产(如钻石),也可能是知识产权(如软件代码),但都是公司特有的。即使竞争者可以复制出替代品,也需要耗费大量的时间、精力和资金。与监管壁垒不同,资产的竞争壁垒不需要监管机构或标准机构专门设置,这些资产本身就是壁垒。

资产壁垒通常源于良好的有形资产、地理位置或自主知识产权。

建立在有形资产基础上的竞争优势可能是投资者最容易把握的资产壁垒。例如，煤炭公司拥有大量煤炭储备的开采权，就是一种资产壁垒。在美国，大约有45%的电仍来自燃煤电厂，拥有大量煤炭储备是一项宝贵资产，而大部分煤炭的开采权掌握在少数几家公司手中。尽管这些资产的价值和竞争壁垒的效力可能会被更廉价的发电形式削弱，但要取代目前的燃煤发电可能需要花费相当多的时间、精力和资本。

地理位置也是一种相对比较直接的竞争优势。例如，一家垃圾运营商拥有辖区内唯一的垃圾填埋场，事实上几乎处于垄断地位，竞争壁垒其实很高，因为建立一个新的垃圾填埋场的过程是漫长的，而且投资也很高。此外，在新运营商出现时，现有的运营商不太可能袖手旁观。新进入者如果要吸引垃圾运输商增加运量，可以利用目前的规模，以积极的定价策略做出回应，这将造成新进入者在一开始就出现大量的亏损。当然，当地的垃圾运输商有权选择将垃圾运到其他区域的垃圾填埋场，但考虑到运输成本，他们会觉得这样做可能不经济。

自主知识产权（IP）可以为竞争提供同样强大的壁垒，但效果往往更难评估。专利知识产权形成的壁垒可以有多种来源，包括内部开发的技术、独有信息的数据库、知识累积或学习曲线优势、资本（通常用于资助初创企业的亏损）和专利保护程序。

例如，CoStar Group 在美国、英国和法国的主要市场积累了大约370万套商业地产的400多种不同的信息，包括建筑物特征、历史销售和租赁数据、收入和支出历史、租户和租赁期限。该公司在过去20年里逐步系统地整合建立了这个独有数据库，形成了一个无形的竞争壁垒，现在要复制这个数据库可能需要多年时间并花费数亿美元。该公司较高的客户续签率（在大多数情况下超过90%），以及在向新市场和新产品继续进行大规模再投资时不断提高的长期投资收益率（见表6-4），都表明了公司由其核心数据库带来的竞争壁垒优势。

表 6-4 CoStar Group 运营指标摘要

年度截止时间	2001-12	2002-12	2003-12	2004-12	2005-12	2006-12	2007-12	2008-12	2009-12	2010-12
收益（百万美元）	73	79	95	112	134	159	193	212	210	226
营业利润（百万美元）	(23)	(6)	0	7	7	14	18	40	32	30
营业利润率（%）	-31.3	-7.0	0.0	6.0	5.5	8.9	9.3	18.7	15.2	13.2
正常化每股收益（美元）	(0.91)	(0.22)	0.00	0.22	0.24	0.46	0.58	1.27	1.00	0.90
投资资本回报率（%）	-19.7	-5.5	0.0	5.7	4.8	9.9	11.2	21.7	17.0	11.4
数据库中商业地产信息量（百万套）	0.95	1.03	1.50	1.60	1.80	2.10	2.70	3.20	3.60	4.00

另一家存在资产壁垒的公司是瓦里安医疗系统公司，该公司是癌症治疗领域领先的辐射治疗系统供应商。瓦里安的竞争壁垒是双重的：自主知识产权和客户鲁棒反馈系统。瓦里安的技术专长，加上对客户运营情况的深刻理解，使其能够开发出技术先进的无缝集成系统和简单易用的临床设备，而且瓦里安向客户提供优质服务的价格也非常有竞争力。瓦里安占有整个辐射处理系统市场的60%，已经完全主导其利基市场。瓦里安的财务信息摘要如表6-5所示。

表 6-5 瓦里安医疗系统公司运营指标摘要

年度截止时间	2001-09	2002-09	2003-09	2004-09	2005-09	2006-09	2007-09	2008-09	2009-09	2010-09
收益（百万美元）	774	873	1 042	1 236	1 383	1 598	1 755	2 070	2 214	2 357
营业利润（百万美元）	105	145	198	257	305	309	339	419	474	534
营业利润率（%）	13.6	16.6	19.0	20.8	22.1	19.4	19.3	20.3	21.4	22.7
正常化每股收益（美元）	0.48	0.65	0.87	1.13	1.38	1.43	1.62	2.05	2.37	2.69
投资资本回报率（%）	26.6	32.8	38.8	50.3	53.9	46.8	36.7	40.5	39.7	42.3

规模壁垒

规模壁垒一般是指以低成本优势获得竞争优势地位，这种优势往往源于规模扩大带来的效率提升。这里的效率和采购、制造、研究和开发、销售和营销、专业化管理和融资成本等多种因素有关。规模壁垒优势通常需要大量的时间和金钱来打造。绝对规模大小和规模壁垒不是一回事，规模壁垒的"规模"是指和竞争或重要市场机会相关的规模。规模壁垒经常受到本地市场发展因素的限制，在零售业尤其如此，这个行业的营销和分销大多在本地区实现。曾经西尔斯和凯马特比沃尔玛大得多，它们在全国范围内有着巨大的规模体量优势。而沃尔玛定位在地区层面，在这里，它能够更有效地利用其分销和广告成本，逐渐形成地区规模优势，为竞争者进入当地市场树立了较高的规模壁垒。沃尔玛把巨大的规模优势和出色的执行力融为一体，给竞争者带来了难以逾越的障碍。

例如，在美国的快递业务领域，UPS 和 FedEx 已经形成了难以撼动的寡头垄断地位。庞大的规模优势和密集的分发优势，一方面让它们获得了可观的利润，另一方面也让潜在的竞争对手望而却步。DHL 在 2003 年收购了航空快递，试图打入美国国内快递市场。DHL 可不是一家弱小的初创企业，而是全球快递业务的巨头之一，它曾一度积极开展并购以建立一个完整的国内快递网络。仅仅过了五年，DHL 就放弃了国内服务，原因是运营亏损巨大，而且无法从 UPS 和 FedEx 手中夺取到足够的市场份额。UPS 和 FedEx 享有的规模和执行优势让 DHL 难以逾越。UPS 的财务信息摘要如表 6-6 所示，FedEx 的财务信息摘要如表 6-7 所示。

表 6-6 UPS 运营指标摘要

年度截止时间	2001-12	2002-12	2003-12	2004-12	2005-12	2006-12	2007-12	2008-12	2009-12	2010-12
收益（百万美元）	30 321	31 272	33 485	36 582	42 581	47 547	49 692	51 486	45 297	49 545
营业利润（百万美元）	3 962	4 096	4 473	4 989	6 143	6 635	578	5 382	3 801	5 874
营业利润率（%）	13.1	13.1	13.4	13.6	14.4	14.0	1.2	10.5	8.4	11.9
正常化每股收益（美元）	2.16	2.26	2.46	2.74	3.44	3.81	0.34	3.29	2.37	3.66
投资资本回报率（%）	20.8	19.0	19.9	21.2	23.6	23.0	2.0	17.4	16.0	31.6
包裹投递量（百万件/天）	13.5	13.0	13.0	14.1	14.7	15.6	15.8	15.5	15.1	15.6

表 6-7 FedEx 运营指标摘要

年度截止时间	2002-05	2003-05	2004-05	2005-05	2006-05	2007-05	2008-05	2009-05	2010-05	2011-05
收益（百万美元）	20 607	22 478	24 710	29 363	32 294	35 214	37 953	35 497	34 734	39 304
营业利润（百万美元）	1 321	1 471	1 440	2 471	3 014	3 276	2 075	747	1 998	2 378
营业利润率（%）	6.4	6.5	5.8	8.4	9.3	9.3	5.5	2.1	5.8	6.1
正常化每股收益（美元）	2.72	3.03	2.96	5.03	6.08	6.58	4.16	1.50	3.98	4.69
投资资本回报率（%）	10.2	10.9	9.4	14.0	15.8	15.3	8.9	3.1	8.8	10.2
包裹投递量（百万件/天）	4.8	5.3	5.5	5.9	6.1	6.5	6.9	6.8	7.0	7.0

客户忠诚度

当新的竞争对手进入市场的门槛很低时，公司仍然可以通过建立客户忠诚度来创造竞争优势。在这种情况下，竞争优势并不是用行政命令完全禁止竞争对手进入市场，而是通过产品和服务的优势让客户对公司品牌更加忠诚，以阻止他们转向竞争者。客户忠诚度是客户转向竞争性产品或替代产品所必须承担的成本的函数。换句话说，**相对于从新产品或服务中获得的预期价值，如果转换成本较高，客户将不愿意更换供应商。**此外，即使竞争对手可以建立一个具有明显优势的价值主张以争取客户，他们也可能会为此在营销上花费巨资。

高水平的客户忠诚度会让公司获益匪浅，常见表现包括低客户流动率和高客户留存率、持续的定价权、品牌忠诚度、成功的品牌延伸和强大的消费习惯。每一项都会帮助公司提升财务回报的规模和确定性。

所有的客户黏性都是基于转换成本，转换成本的形式有多种，这里我们分为两类：有形的"硬"成本和无形的"软"成本。

硬性转换成本

硬性转换成本是转换成本中比较容易量化的部分，如设备成本、安装成本、启动成本和再培训成本。以硬性转换成本衡量客户忠诚度的影响相对简单，转换到竞争者的成本越高，客户越有可能被"粘"住。

想象一下，要让 XYZ 公司卸载 Oracle 数据库并安装竞争对手的软件需要付出什么代价？这其中会产生比较明显的硬性转换成本，包括新软件和硬件更新成本、重新格式化信息并将其从旧数据库移到新数据库的成本，以及重新培训员工的成本。

硬性转换成本最低的是回形针这类商品。对于大多数客户来说，更换回形针供应商的硬成本微乎其微，它不需要改变基础设施，不需要安装新的软件或硬件，也不会产生再培训费用。

然而，让客户产生黏性的远不止硬性转换成本。虽然理性的客户总是会仔细掂量转换到竞争性替代品或服务的硬成本，但最后决定客户忠诚度真实水平的往往是软性转换成本。

例如，在我们的数据库中，有些情况下，客户转换的硬成本明显很高，但是随着时间的推移，这些硬性转换成本可能会被实际的成本节约或潜在产能的提高所抵消。此外，还有一些重要的软性转换成本必须考虑，其中包括在用户完全精通新软件之前产能的降低，以及数据导入过程中可能会产生因数据损坏或丢失导致的业务中断。这些成本都是真实存在的，但难以量化。

软性转换成本

软性转换成本是指无形的、难以量化的转换成本。这些成本包括评估新产品或服务价值所涉及的认知付出和时间成本,以及未来在财务、业务或心理风险方面存在的不确定性。

同时,软性转换成本的大小和客户的具体情况有关。例如,与一家只处理少量现金、没有便携式库存设备的床垫零售商相比,一家每天处理数百万美元现金的银行肯定更看重新安全系统的可靠性和严密性。

即使硬性转换成本可以忽略不计,软性转换成本仍然可以提供一个足够的屏障,阻止客户转向竞争对手。例如,考虑一下你选择在哪里开设银行账户这件事。把账户从一家银行转到另一家银行要花多少钱?现金成本可能很低。你可能只需要购买一些新的支票,支付名义上的账户结算费,花一两个小时填写新账户的申请文件和重新输入电子账单支付信息。有时新的机构还会为你提供一些现金回报,以抵消你的硬成本。然而,尽管名义上的硬性转换成本相对较低,客户还是很少更换金融服务机构。在这种情况下,软性转换成本,如评估替代方案和填写必要文件的不方便、重新输入电子账单支付信息的麻烦,以及其他类似问题,远远超过普通账户持有人所认为的好处。这就是金融机构的核心支票账户的客户流动率较低的原因。

关于客户忠诚度,我们看另一个经典案例,从品牌忠诚度的角度来分析软性转换成本的影响。Intuit 公司主要提供系列软件产品和服务,其品牌有 Quicken、TurboTax 和 QuickBooks,备受消费者和小企业推崇,其客户忠诚度的水平很高。虽然 Intuit 的软件解决方案功能强大、可靠且易于使用,但竞争对手提供的解决方案也不差。然而,Intuit 在核心的小型企业会计、消费金融和税务申报软件市场中一直占据主导地位,这主要得益于切换供应商过程中的高软性成本。

Intuit 的旗舰产品是 QuickBooks,这是为小企业及其会计师服务的领先会计软件。这个软件的硬性转换成本相对较低：一个主要竞争对手的入门级会计软件包售价为199.99美元，另一个更有竞争性的产品报价为五个账户2995美元，这个成本对大多数小企业来说不是什么大问题。然而，会计软件对于任何企业都是一个关键的应用程序，对于小型企业更是如此。许多小企业主对准确的日常现金流和费用管理依赖性很强，任何会计上的失误都可能带来巨大的财务风险，甚至可能威胁到企业的生存。鉴于这种无形的软性成本，Intuit的客户不会轻易转向新的、不熟悉的产品。关于这一点，我们可以问问微软。

微软曾大举投资，试图进军Intuit所在的令人垂涎的小企业市场，及其领先的个人理财软件领域。可以肯定的是，微软并不缺乏投资资金或有才华的软件工程师来攻击Intuit的壁垒。微软413亿美元的现金余额让Intuit35亿美元的年收入相形见绌，然而，Intuit的市场地位却难以撼动。据统计，QuickBooks会计软件市场占有率高达85%以上，Quicken个人理财软件的市场占有率更是高达95%。多年来，较高的客户忠诚度使微软在争夺重要市场份额方面的努力付诸东流。我们在Intuit公司的长期财务回报中看到了其拥有持久竞争优势的有力证据（见表6-8）。

表6-8 Intuit运营指标摘要

年度截止时间	2001-07	2002-07	2003-07	2004-07	2005-07	2006-07	2007-07	2008-07	2009-07	2010-07
收益（百万美元）	1 096	1 312	1 597	1 802	1 993	2 293	2 673	2 993	3 109	3 455
营业利润（百万美元）	(81)	51	339	419	529	566	669	696	683	863
营业利润率（%）	-7.4	3.8	21.2	23.3	26.5	24.7	25.0	23.3	22.0	25.0
正常化每股收益（美元）	(0.12)	0.07	0.50	0.66	0.88	0.98	1.18	1.28	1.29	1.66
投资资本回报率（%）	-9.1	4.6	23.6	31.3	43.5	56.0	39.6	21.7	18.5	24.6

网络经济

网络经济是一种罕见的、功能强大的、会产生转换成本效应的壁垒，在网络经济模式中每多一个客户都会增加网络的整体价值。这个增加的价值不仅会继续吸引新客户，而且还会增加网络中现有参与者的转换成本。网络经济的概念不应与网络效应相混淆，网络效应是指网络规模的扩大，而不是指网络参与者的"经济价值"。例如，MySpace 的用户数 2005 年为 200 万，三年后迅速发展到 2 亿多，展示了非凡的网络效应。然而，该公司却面临着收入和利润的下降，并可能被迫裁员。这种低迷表明该公司的商业模式缺乏必要的网络经济来留住客户。Facebook 已经取代 MySpace，成为社交网络的首选，在全球拥有超过 5 亿用户。Facebook 的商业模式是否足够差异化，以建立维持真正的网络经济所必需的高水平的客户黏性？只有时间会告诉我们答案。

Arm 控股是一家鲜为人知的科技公司，它的商业模式具有非常典型的网络经济特征。你可能没有听说过 Arm 控股，但你每天都有可能在用有该公司知识产权的产品。2010 年，搭载基于 Arm 专有技术的半导体芯片的产品出货量约 61 亿件，其中包括移动电话、平板电脑、上网本、电子阅读器、硬盘驱动器、打印机和汽车等。然而，Arm 并不生产芯片，相反，它将自己的专利授权给了数百家半导体制造商，它们根据芯片设计或生产芯片的数量向 Arm 支付许可费。Arm 围绕其专利创建了一个庞大的生态系统，不仅包括半导体设计师，还包括设备制造商、代工厂和软件开发商，如微软（Windows）、谷歌（Android）、苹果（Apple OS）和诺基亚（Symbian）。每一个进入 Arm 生态的新成员在部署基于 Arm 的解决方案时，都通过拓宽客户选择和功能，增加了网络的总体价值。此外，第三方开发人员也被"捆绑"在了 Arm 架构上，而不是竞争对手的架构上。Arm 公司的竞争优势与含有其专利的授权和产品数量的稳步增长相得益彰。Arm 的财务信息见表 6-9。

表 6-9 Arm 控股运营指标摘要

年度截止时间	2001-12	2002-12	2003-12	2004-12	2005-12	2006-12	2007-12	2008-12	2009-12	2010-12
收益（百万美元）	213	243	229	294	399	515	516	430	493	637
营业利润（百万美元）	67	66	31	60	82	96	79	86	74	167
营业利润率（%）	31.5	27.4	13.5	20.6	20.6	18.7	15.3	20.1	15.0	26.3
正常化每单位ADS收益（美元）	0.12	0.12	0.06	0.11	0.11	0.13	0.11	0.13	0.11	0.23
投资资本回报率（%）	156.6	97.5	48.5	34.6	14.3	12.9	11.3	11.0	7.4	16.9
授权产品数量（百万）	420	455	782	1 272	1 662	2 390	2 894	3981	3 866	6 100

竞争优势的共同特征

下面总结了底层结构性竞争优势的关键指标和潜在特征。这个列表旨在抛砖引玉，不能取代对公司和行业的严谨分析。此外，正如约吉·贝拉所警告的那样，"未来不再是过去的样子"。因此，即使统计数据表明存在竞争优势，投资者也必须对这种竞争优势的持久性做出合理的评估。

公司拥有竞争优势的潜在特征：

- 市场份额高且稳定
- 市场份额稳定增长
- 行业竞争对手退出或进入的频率较低
- 持续的定价权
- 营业利润率明显高于直接竞争对手
- 客户忠诚度高和客户流失率低
- 复购率高
- 品牌的延伸性强
- 强大的消费习惯
- 较长的产品周期

第 6 章 | 伟大的成长型公司的特征：拥有确定的持续竞争优势

- 强大的领域专长
- 专有制造或工艺流程

还有一个关键指标，投资资本回报率，我们尚未讨论。分析一家公司的投资资本回报率可以帮助你确定该公司是否真正拥有可持续竞争优势。

投资资本回报率

投资资本回报率（ROIC）是衡量一家公司利用股东资本获得回报效率的关键指标。利用这个指标可以看出一家公司的竞争优势的强度和可持续性。

ROIC 的计算方法是，将公司的正常化营业利润除以计算期内股东平均投资资本。[正常化营业利润是指公司在"正常"经营环境下应获得的利润，需要根据非营业项目（如利息支出/收入或其他业务中少数股权的贡献）进行调整。平均投资资本代表所有投资利益相关者（包括股权和债务持有人）的平均投资资本]。

$$\text{投资资本回报率（ROIC）} = \frac{\text{正常化营业利润（税后）}}{\text{计算期内股东平均投资资本}}$$

例如，如果一家公司在一年的时间里，以 1 亿美元的平均投资资本为基础，实现了 1 000 万美元的正常化营业利润，那么其投资资本回报率将为 10%：

$$\text{投资资本回报率（ROIC）} = \frac{\$10\,000\,000}{\$100\,000\,000} = 10\%$$

有能力维持较高 ROIC 的公司可以更快速地增加其内在价值。为了说明这一点，让我们来看三个公司的例子，它们在业务中都投入了 1 亿美元的资本。A 公司的投资资本回报率只有 7%，B 公司的投资资本回报率高达 15%，C 公司以一个高壁垒的商业模式实现了超过 25% 的 ROIC。简单起见，现在我们假设每个公司都有足够的机会以相同的 ROIC 对利润进行再投资。

如图 6-2 所示，在 15 年的时间里，A 公司的累计收益将达到 1.76 亿美元（约 1.8 倍于 1 亿美元的初始投资），这个收益可观但不引人注目。看看高 ROIC 公司的收益会怎么样：B 公司的累计收益将达到 7.14 亿美元（超过初始投资的 7 倍），C 公司将赚到惊人的 27 亿美元——是原始投资的 27 倍！商业模式的防御性越强，公司就越有可能创造并保持较高的 ROIC。

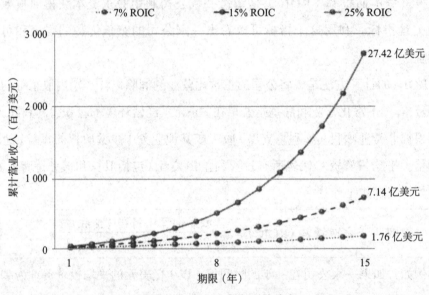

图 6-2　ROIC 与复利的威力

由于期间产生的利润归股东所有，它们最终将通过股价反映出来。如果这个逻辑成立，那么我们应该看到投资资本回报率与长期投资收益率之间存在很强的相关性。这种关系在图 6-3 中得到了印证，该图对截至 2010 年 9 月 30 日前 15 年间的投资资本回报率与总收益率数据进行了比较。这些数据按 ROIC 排序，展示了每三年的平均 ROIC 和股东总收益率。我们也认识到，这些经验数据只是一个时间段的参考。但是，我们对其他长期投资的考察也得出了类似的结论。也就是说，我们认为，ROIC 与股票投资收益之间的相关性是有意义的，也是持续的。

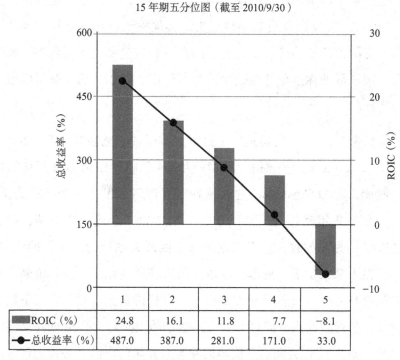

图 6-3 投资资本回报率与总收益率

关于竞争优势的神话

关于可持续竞争优势，有一个小秘密，就是很少有公司真正拥有它。**真正的竞争壁垒或高水平的客户忠诚度在现实中非常稀少**。许多公司都说得天花乱坠，一旦市场发生变化，这些花言巧语根本承受不起无情的竞争压力。更复杂的是，当短期财务业绩出现积极的苗头（大多是管理层的意见或分析师的研究报告判断）时，这些公司有关竞争优势的声明往往最为响亮，例如，当一个热门的新产品或短期策略优势导致关键的财务指标暂时暴增的时候。

幸运的是，对投资者来说，评估竞争优势时经常犯的错误已经被总结出来。他们通常都是被一组有缺陷的、华丽的指标所迷惑，比如热门的新产品、"名人"CEO以及高效的执行力。必须承认，在过去我们也曾被这些充满诱惑的神话所迷惑，最后我们的自尊和钱包都受到了伤害。如果能通过几个例子帮助你避免这些代价昂贵的错误，我们的痛苦就可以成为你成长的基石。

- 卡骆驰（Crocs）公司是位于科罗拉多州的小型制鞋企业。2003年，卡骆驰开始销售一种创新的凉鞋，这款凉鞋由可塑且耐穿的树脂制成，名为Crosslite。这款凉鞋以其创新引发了市场需求的激增，仅在头几年就售卖了数百万双，并在2007年进入巅峰期，创造了8.47亿美元的收入。卡骆驰品牌一度成为独特的太空鞋的代名词。但接下来发生了一些事，故事的情节开始变化。一些竞争鞋厂开始提供与Crosslite极其相似的鞋子，有些价格甚至更低。接下来的两年，公司的收入下降到6.46亿美元，在2008年和2009年，公司合计亏损2.27亿美元。卡骆驰的确有一款热门产品，公司的股票有一段时间也是热门股票，但在面对"我也一样"的同类产品的竞争时，这个品牌还不足以吸引消费者非买它不可。换句话说，最初的销售额很高，但顾客的忠诚度很低。这说明，一个热门的新产品并不一定是一家公司的可持续竞争优势。

- 20世纪90年代中期，家用产品公司Sunbeam Corp陷入了困境。1996年7月，Sunbeam聘请了知名的企业转型专家阿尔·邓拉普（Al Dunlap）出任公司CEO。市场为阿尔·邓拉普的到来而欢呼，在他上任后，公司股价飙升。一开始，阿尔·邓拉普通过无情的成本削减，使得财务业绩有所改善。然而，这些令人鼓舞的早期结果却给公司带来了巨大的损失。根据 1998 年 6 月出版的《商业周刊》上的一篇报道，阿尔·邓拉普发起了一场激进的销售运动来增加收入和收益，但这些销售行为是有问题的。他将产品压货给渠道，而实际上终端的销售并未改善。接下来 Sunbeam 的经营业绩与股价齐声跳水，阿尔·邓拉普被董事会毫不客气地解雇了，而他来公司还不到一年，其间 Sunbeam 从未完全恢复。金融媒体对阿尔·邓拉普等名人 CEO 的迷恋，发展成了一种普遍的信仰：只要一家公司的首席执行官拥有成功掌舵的声誉，它就能发展出竞争优势。我们看过太多的名人 CEO 来来去去，他们对所领导的公司的长期前景几乎没有影响。这告诉我们，一个聪明而有魅力的 CEO 并不是一种可持续竞争优势。

▶ 下面以你当地的杂货店为例。它像大多数杂货店一样，环境整洁，产品新鲜，而且几乎总是物有所值。管理团队和员工在向你和其他客户提供价值方面可能做得非常好。事实上，在大多数时候，你经常光顾的这家杂货店甚至比当地的竞争对手做得还要好。但这是否足以阻止消费者去同城的竞争对手那里购物呢？不太可能。只要问问食品零售商们就知道了，过去 10 年沃尔玛曾大举进军这个行业并向他们发起挑战，但现在沃尔玛早已在碰了一鼻子灰之后撤退了。这说明，高效的执行力并不是一种可持续竞争优势。

像大多数神话一样，这些竞争优势也都是建立在事实基础上的。一个热门的新产品可能不是一个竞争优势，但一个能够促进持续创新的商业模式和文化，如苹果的商业模式和文化，可以造就一个强大的竞争优势。同样，一家公司可能无法仅仅通过执行效率的提升或一个聪明而有魅力的首席执行官的个人意愿来维持竞争优势，但卓越的运营和优秀的领导力对于建立和增强竞争优势至关重要。

正在消散的竞争优势

关于竞争优势，投资者必须考虑的最后一点是，没有永恒的竞争优势。投资者需要对那些预示竞争优势正在减弱的变化保持警惕。因为行业的结构性变化、监管或政治体制的变化，抑或颠覆性技术会迅速削弱公司现有的竞争优势，在这些情况下，竞争优势的减弱是明显的。一个典型的例子是，价廉物美的数码相机对伊士曼柯达公司等传统胶卷制造商的优势产生的影响。

然而，更有可能的情况是，一家公司竞争优势消退的迹象往往不会那么显著。讽刺的是，一家公司的可持续竞争优势最危险的敌人不是竞争对手，而是管理层的忽视或战略上的分心。我们的经验表明，这些公司的竞争优势并不会瞬间消失，大多数情况下，它们会在几年的时间里慢慢将这些优势挥霍殆尽。这就是为什么管理层对保护和培育竞争优势的承诺（致力于卓越的运营优势）对长期投资者而言至关重要，这也是一家伟大成长型公司的关键属性。

卓越的运营

具有讽刺意味的是，成长型公司并不执着于做到最大，相反，它们执着于做到最好。它们会始终关注一致的、高质量的业务执行力。**管理层对卓越运营的承诺内化并加强了公司底层的结构性竞争优势。**事实上，尽管有结构性竞争优势，如果没有日复一日高水平的战略执行能力，公司要在很长一段时间内维持其防御性商业模式是极其困难的。

优秀的团队和健全的业务流程是维持运营效率的基础，而企业文化则是这个基础的基础。就像竞争优势一样，卓越的可持续运营根植于卓越的企业文化。而卓越的企业文化的力量超越了任何一位管理者，甚至是领导团队。卓越的企业文化是成长型公司 DNA 的一部分，从 CEO 到一线员工都散发着相同的气质。

即使对经验丰富的投资者来说，要证明企业文化与卓越运营之间的联系也是一件棘手的事情。问题在于，企业文化是一个伟大成长型公司艺术空灵的一面，它不适用于传统的财务或行业分析。然而，它又对长期的成功运营至关重要。那么问题来了，投资者将如何衡量一家公司的企业文化和维持良好经营业绩的能力呢？运营历史可以作为一个很好的指南，但就如何评估一家公司目前较高的运营效率是否能够持续下去，这里并没有万无一失的方法。然而，我们相信，投资者可以通过关注以下标准来提升自己在这方面的判断力，这些标准是真正卓越的企业文化的标志。

使命清晰

长期保持卓越运营的成长型公司都有着清晰的使命。它们清楚地了解自己的能力所在，即使市场机会非常可观，它们也不会自欺欺人地去追逐超越自身核心竞争力的增长。即使短期财务业绩可能会受到影响，它们也不会对自己做出有吸引力的长期投资表示后悔。投资者已经注意到，成长型公司在战略表达和公司行动上表现出高度的一致。出于这个原因，投资者应该对一些公司保持警惕，它们总是声称密切关注运营，然后又在无意中选择了"多样化"，进入与它们的目标使命和核心能力不相符的领域。

不懈追求完美

卓越运营不是终点，而是一个持续的过程，一个不断自我完善的过程。运营效率高的公司经常会问这样的问题：我们怎样才能更有效率？我们怎样才能在不增加成本的情况下为客户增加更多价值？这些问题的答案通常是对业务流程的细微改进。积沙成塔，集腋成裘。随着时间的推移，这些改进将形成可观的管理收益。因此，优秀的执行者经常会发现自己经常用一种反直觉的角度看待问题，即强调过程而不是结果。他们庖丁解牛，将过程分解，是为了了解哪个环节可以更好地创造价值。此外，他们还意识到，如果过程合理，结果也会令人满意。我们经常会在与投资者的对话中看到管理层在强调看似无关紧要的流程改进的重要性。

框架内的自由

人们可能会认为，伟大的公司会采用严格的运营规范，以确保执行不会偏离一定的范围。事实上，恰恰相反。运营的优秀公司为员工提供了很大的自由空间。然而，这种固有的信任和个人工作的灵活性都是在一个明确的运营框架内，这个框架就是为客户提供最大化的价值主张。因此，伴随这种自由而来的是高度的个人责任感。这种自由和责任的结合吸引了有才能、有上进心的人，使得公司吸引到最抢手的员工。通过与管理层和员工的深入交谈，可以了解员工对公司的信任程度，但这对普通投资者来说可能不太现实。建议投资者将员工流动率作为另一种衡量标准。如果员工在执行和成长方面有很大的自由度，他们就很可能会留下来，进而影响员工流动率。

对抗性训练

追求卓越运营的公司通常会用绝对卓越的标准来衡量结果。这种运营哲学类似于竞技运动中"对抗性训练"的概念，已故的加利福尼亚大学洛杉矶分校（UCLA）传奇篮球教练约翰·伍登就是践行这种理念的典范。伍登对对手会怎么做不感兴趣，他很少注意竞争对手。相反，他会例行训练球员们的基本技能——传球、运球、篮板、防守等。他的目标是最大限度地发挥团队的潜力——这是一个绝对值得追求的卓越标准。这个标准比行业标准要高，因为大公司（或团队）的目标不仅仅是比一般公司（或团队）

做得更好，而是要尽可能做到最好。为了衡量这方面的进展，优秀的公司通常专注于几个关键的基本指标，管理层也会定期向投资界公布这些关键指标。

严谨理智诚信

约翰·亚当斯曾经说过："事实是固执的东西。"换句话说，事实不会因为你忽视它们而改变。伟大的公司接受这种智慧。与此同时，它们寻求并发现事实的真相，然后直面解决。这意味着它们必须在整个组织内建立开放的沟通渠道，并形成允许员工积极坦率地发言而不必担心受到惩罚的文化。投资者通常可以在与管理层讨论成功与失败时，观察管理层的坦率程度，来确定他们的诚信度。

富有感染力的激情

在优秀的成长型公司，领导者和员工的一个显著的共同点是，他们对业务和企业使命几乎都有着富有感染力的激情。尽管人性告诉我们，个人的动力总是源于对财务成功的追求，但在优秀的成长型公司，相对于为客户提供始终如一的卓越价值主张，这种财务上的追求似乎是次要的。

仆人式的领袖

如果没有伟大的领导力来塑造文化，一般的甚至是基础较好的企业也很少能够发展成伟大的企业。长期担任可口可乐公司首席执行官的鲍勃·伍德拉夫曾说过一句有关领导力的名言："一个人的成就是无限的，只要他不在乎荣誉归谁。"这句话道出了伟大商业领袖的普遍态度——他们很少对个人荣誉感兴趣。根据我们的经验，那些见证并引领了商业的成功发展和持续壮大的领导者，通常都是真诚而谦逊的，对公司和员工就像充满激情的仆人一样。因此，伟大的领导者会把大部分精力放在培养人才和公司旗手上。不幸的是,对投资者来说,就像伟大的文化一样,伟大的领导者也不会佩戴明显的标志说明他具有卓越的领导能力。伟大的领导者不是挑选出来,在较长的一个时期内投资者必须评估管理层的领导能力。

遗憾的是,确定这些优秀文化的指标,并不像衡量一家公司的财务进展那样简单。公司持续卓越运营的能力对投资者来说至关重要,需要仔细认真评估。卓越的运营能力和持续的竞争优势结合,为真正的防御性商业模式奠定了基础。然而,一个能够为投资者创造巨大内在价值和超额收益的伟大成长型公司,还有非常重要的一面,那就是一个巨大的目标市场。

机遇的潮汐:水大鱼大

一个大的市场机会可能不是区分一家公司伟大或平凡的最重要因素,但它却是创造长期投资收益的一个关键甚至是决定性的因素。一个充满魅力、不断增长的市场需求浪潮可以助推公司实现大幅增长。当这种增长与一种高度防御性的商业模式相伴相生时,它就会转化为公司内在价值的大幅增长——这正是投资者想要的。因此,在确定一家公司是否为投资对象时,需要仔细权衡公司产品和服务的最终市场潜力。

从数学逻辑上看,巨大市场的优势显而易见的。在其他条件相同的情况下,100亿美元的市场肯定比1000万美元的市场更有增长潜力。大多数投资者通过直觉都看得出来,在一个巨大的市场中哪怕占据一小部分份额,也比在一个小市场中占据主导地位实现的增长大。从一个大市场中分一杯羹理应是一个更好的投资主张,这正是我们作为投资者所寻求的机会所在。

虽然每个行业或市场的发展和增长的驱动因素不一样,但支撑着大部分市场机会的共性力量可以分为五种:生活方式与社会潮流的深刻变化、人口结构、政府干预、产品创新和颠覆性技术。

生活方式与社会潮流的深刻变化

生活方式与社会潮流的广泛而深刻的变化往往是结构性的,这使得投资者有充足的时间来预测这个他们亲自创造的新兴市场的变化趋势。在过去的 20 年里,电子游戏越来越受欢迎,成为一种生活方式的潮流。多年来,电子游戏的硬核玩家主要是一个狭窄的人群,他们大多是十几岁的男孩。但现在,游戏人口跨越了年龄的界限。现实中的例子是,今天游戏市场的很大一部分用户是休闲玩家,他们偶尔在智能手机上玩玩 Scrabble,或在网络社交游戏 Cityville 中建造虚拟建筑。根据 AppData.com 的数据,Cityville 目前拥有超过 9500 万活跃玩家。这种不断被多个年龄群体接受的趋势,表明电子游戏行业正在迎来日益增长的市场机遇。

生活方式和潮流趋势的广泛而深刻的变化带来了巨大的新兴市场机遇,其他例子包括 20 世纪 90 年代 DIY 家居消费的兴起、过去 10 年在线社交网络的发展,以及近年来环保消费品的盛行。

人口结构

婴儿潮一代可以说明人口变化带来的影响。婴儿潮时期出生的人给后来社会发展的多个领域带来了利润丰厚的市场机会,共同基金行业的增长就是一个例子。从 1985 年到 2009 年,婴儿潮时期出生的人开始为退休存钱,伴随着这种情况,社会共同基金资产从 4950 亿美元增加到 11.1 万亿美元(2010 *Investment Company Fact Book*,第 124 页)。固定收益养老金计划向固定缴款计划或 401(k) 的转变,再加上大型共同基金公司的监管和营销能力,为吸引婴儿潮一代的退休资金提供了完美的工具。而婴儿潮时期出生人口的绝对数量和他们即将退休的现实需求则是共同基金资产快速增长的根本动力。婴儿潮一代的老龄化也对其他消费、金融和医疗产品及服务的需求产生了广泛的影响。婴儿潮一代即将步入退休年龄,这将会带来什么样的新机遇？千禧一代在数量上可以与婴儿潮一代匹敌，他们又将会带来怎样的机遇？

政府干预

政府对经济的干预可以创造巨大的市场机会。需要明确的是，一个依赖政府干预的市场理应受到怀疑。因为它容易受到政客、监管机构和强大特殊利益集团的操纵，形成不健康的扭曲市场。尽管如此，政府干预创造巨大的、未被开发的市场机会的潜力是真实存在的，而且，只要潜在需求不是与创造市场的法规一起制造出来的，投资者的机会就可能是真实存在的。

例如，营利性的高等教育行业在很大程度上依赖于联邦政府对教育的资助（大多数州立和私立大学也是如此）。对独立于政府主导的资助机制，高等教育一直都有着强烈的内在需求。正因如此，在过去几十年里，营利性学校市场已成为投资者的沃土，2009年其营业收入迅速增长至154亿美元。乙醇行业是政府干预创造市场的另一个案例。根据可再生燃料协会（Renewable Fuels Association）的数据，目前美国每年消耗106亿加仑⊖的乙醇，是10年前的7倍。然而，与对高等教育的需求不同的是，对乙醇的需求在很大程度上是政府财政的产物——由联邦和各州法令强制执行。大多数独立研究表明，如果乙醇行业被要求摆脱保护独立生存，那它将遭遇经济上的失败。因此**投资者必须了解所有市场的需求来源，如果这个市场由政府干预驱动，就需要格外小心了。**

其他由监管机构创造市场机会的例子，还包括金融工具的指定评级机构、抵押贷款融资渠道（房利美、房地美、联邦住房管理局）以及危险废物处置。

⊖ 1加仑=3.785 4118升。

产品创新

大多数长期持续增长的行业都受益于产品创新。产品创新可以是渐进的，也可以是革命性的，但大多数创新都是渐进的。也就是说，它们是对现有产品的逐步改进，而不是巨大的飞跃。这些创新是刺激需求增加和维持许多行业增长的重要因素，这一点在成熟的市场尤其重要。例如，耐克在运动鞋和运动服方面的持续创新帮助其扩大了市场，并推动了耐克及整个行业品类的增长。

渐进的产品创新很常见，革命性创新则很少见，但却很强大。因为革命性创新是彻底的改进，它改变了市场，它还将改变整个需求曲线，它们是投资者的沃土。一般来说，需求的增长经常表现为客户渗透率的显著提高，或者是一种新定价能力的出现。我们在数字音乐销售市场上看到了这一点。苹果的产品创新将时尚的设备（iPod）与内容（iTunes）相结合，使得消费者购买数字音乐的普及率显著提高。在 iPod 发布的前一年（2001年），数字音乐销售额在音乐总销售额中所占的比重还微不足道，但到了 2010 年，全球数字音乐销售额达到 46 亿美元，已经占到唱片类公司收入的 29%（根据 IFPI 的数据）。

颠覆性技术

颠覆性技术是一种革命性产品创新形式，它是在颠覆了旧有商业模式的基础上，刺激了全新市场的发展，最终横扫现有的客户，并使他们待价而沽。

颠覆性技术将催生新的、巨大的市场机遇，这方面的典型案例是互联网。在互联网商业化的 15 年里，它破坏了许多现存市场（如报纸和音乐发行），同时也创造了许多新的市场（如在线广告、电子商务和 SaaS）。谷歌是互联网需求增长浪潮中的一个典型代表。谷歌在 15 年前还不存在（它成立于 1998 年），但在其成立最初的 12 年里，谷歌就创造了 1130 亿美元的收入和 370 亿美元的营业利润，同时积累了近 350 亿美元的现金储备。如果在 2004 年首次公开募股时就买入了谷歌的股票，那么到 2010 年 1 月 31 日，投资者将获得 606% 的收益。

谷歌占据主导地位的互联网搜索引擎市场，还只是互联网颠覆性力量释放出的众多巨型市场机遇之一。表 6-10 列举了几个主要的市场，这些市场是由互联网的快速增长和那些能够抓住新机遇的公司所推动的，但它们在 15 到 20 年前几乎不存在。

表 6-10 颠覆性技术的力量——互联网

市场	市场规模预测（亿美元）	代表公司
互联网广告（搜索及显示）	260～390	谷歌，雅虎，美国在线
在线支付网络	50	PayPal（eBay 旗下），谷歌 Checkout，亚马逊
社交网络	30	Facebook（私有），MySpace（新闻集团），Twitter（私有），领英
电子商务	1760	亚马逊，eBay，转向网上销售的传统零售商
电子证券交易	40	E*TRADE, Schwab, TD Ameritrade, Scottrade（私有）
分布式计算及内容分发网络	50	Akamai，Limelight Networks，Level 3
数字音乐及视频内容分发	70	iTunes／Apple，Netflix，Rovi
基础设施即服务（IaaS）／数据中心	20	Equinix Savvis，Rackspace，美国电话电报公司，Verizon／Terremark
以太网交换机	10	Neutral Tandem, Equinix, CENX（私有）
软件即服务（SaaS）	100	Salesforce.com,Ultimate Software

这里我们的重点不是强调互联网在塑造新市场方面的力量，而是强调颠覆性技术如何为管理良好的公司开启新的增长机遇。一次又一次，颠覆性的模式创新从我们眼前飘过。今天的互联网就像 20 世纪早期的汽车、20 世纪 30 年代和 40 年代的塑料、20 世纪 50 年代和 60 年代的航空公司以及 80 年代和 90 年代的个人电脑。如果你担心我们可能正接近创新的终点，那你和美国专利局前局长查尔斯·H.迪尔的看法会比较一致。迪尔曾经坚

持认为"所有能被发明的东西都被发明了"。他在 1899 年发表了这一评论。我敢打赌,每当权威人士宣称我们正接近人类创造力的极限时,都会有一种颠覆性的新技术即将推出,而且许多成长型创业公司正准备利用它大干一场。

但在诱人的新市场中,颠覆性的产品创新并不是伟大的成长型公司唯一的机会来源,现有的广阔市场也为资源丰富的公司提供了良机。即使市场增长平缓,企业只要坚持专注于平凡的努力,也会获得机会。例如,在医疗废弃物的收集方面,在过去的 20 年里,这个领域并没有任何可以改变市场的技术创新。一家名为 Stericycle 的公司在这个规模庞大、曾经高度分散的市场中,从一个地区性参与者默默地成长为占主导地位的全国性公司。Stericycle 股票的投资者获利颇丰,在过去 15 年里总收益率达到了 3399%。

避开"糟糕"的增长

如果所有业务的增长都是相同的,那么投资成长型公司就会容易得多,但不幸的是,事实并非如此。投资者必须警惕那些"糟糕"的增长。这里我们所说的**"糟糕"的增长,指的是使企业没能产生有吸引力的投资资本回报率的增长**。例如,尽管所有主要航空公司都能实现业务的大幅增长,但美国西南航空是唯一一家能够在投资资本回报率上让投资人满意的航空公司,也只有美国西南航空的财务指标证明了对企业快速再投资的合理性。糟糕的增长往往源于一种"为了增长而增长"的心态,这种心态会导致代价高昂的收购式增长或方向迷糊的业务多元化尝试。**对依赖于规模化收购或偏离公司核心使命的公司整合等扩张计划,投资者应保持警惕。**

线性增长的陷阱

投资者也会被线性增长陷阱绊倒。线性增长只存在于金融理论模型中，而在现实世界，增长通常会起起落落。例如，当一家公司的工厂达到目前的设计产能时，其增长可能就会放缓。接下来，必须投入新产能，必须雇用和培训新人。同样，一个软件公司可能会在一个季度看到许多新的商业订单，而在下一个季度就会看到客户决策的放缓。而自始至终，公司的底层长期增长趋势没有改变。许多成长型投资者都是因为追逐周期性成长而被"烤焦"的，他们却误以为这是市场需求的长期趋势。关键在于，个别公司的长期增长往往呈现周期性。因此，投资者必须通过认真评估增长的根本驱动力以区分周期性增长的公司。

精确的误区

对普通投资者来说，预测市场的增长潜力可能是一项令人生畏的工作，特别是针对那些仍在发展变化之中的市场。正在发展或迅速扩张的市场可能会让长期增长前景充满更大的不确定性。然而，造成预测困难的主要原因不是市场的不确定性，而是对精确性的追求。投资者必须认识到，当企业准备从机遇的浪潮中获益时，精确地预测是不可能的，而且我们敢说，没必要。这种说法听起来可能有些离经叛道，尤其是在复杂的定量模型时代，但它是正确的。正如沃伦·巴菲特指出的那样："**模糊的正确好过精确的错误。**"换句话说，投资者只需对市场机会和目标公司抢占市场份额的潜力做出合理的评估。对精确度的要求可能会产生相反的影响，它会误导投资者投资于成熟行业的公司（这些公司的内在价值几乎没有增长前景），同时又使投资者错过了对魅力十足的成长型公司的投资。

为了股东利益最大化

可持续竞争优势、卓越的运营和一个庞大的目标市场,这些是一个快速成长型公司的主要特征。找到这样的公司之后,在你认真考虑是不是要投资这家公司之前,还有一个问题要回答:公司价值的持续创造由谁来负责?

管理层的承诺

虽然公司是股东拥有资产的载体,但公司结构无法保证这些资产的收益会按比例分配到股东手中。即使基层经理们执行得非常出色,公司在利润和现金流方面获得了巨大的收益,但糟糕的公司管理却会让这些财富无端流失。公司的资产要么被转移到管理层和董事会,要么被各种破坏价值的举措消耗,这种事情太普遍了。这就是为什么投资者必须仔细考虑公司决策层是否愿意成为股东资产的良好管理者。

优秀的管理人员会明白公司资产不是为了其个人利益而存在的。他们知道自己是公司所有者的资产管理人。沃伦·巴菲特概括了他对伯克希尔-哈撒韦公司经理的期望,这正是良好的公司管理理念的精髓:"经营企业就像①你百分之百拥有它;②它是你和你的家人在这个世界上拥有的唯一资产;③至少在一个世纪内,你不能出售或合并它。"

不幸的是,与伯克希尔-哈撒韦公司相比,大多数管理层的管理理念都是在打擦边球。虽然这可能会让你作为投资者的工作变得复杂,但还是有一些方法可以判断一家公司的经理和董事会成员是否致力于为股东的最大利益服务。你可以通过检查他们的决策框架、激励机制、资本政策和透明度来评估他们对股东的承诺。

长期决策

优秀的公司管理者会和公司的长期所有者一样思考和行动。他们的战略和战术决策都是为了使公司的长期内在价值最大化，即使这可能意味着放弃眼前的丰厚利润、影响短期财务回报，或招致华尔街短视的分析师的不满。公司的长期投资者应该追求公司能有一个愿意牺牲短期收益、进行谨慎投资的管理团队，以增强公司的长期竞争地位。拥有健康、长远眼光的管理者更愿意进行审慎的长期投资，例如投资于研发以推动产品创新，改造设备以保持相对竞争优势，或投资于分销基础设施以增加市场渗透率。相比之下，一个只顾眼前季度收益或其他短期财务指标的管理团队，其动机可能不是长期股东价值最大化。

FactSet 就是一个很好的例子，这家公司在短期收益受到明显负面影响的情况下，仍然进行了大胆而谨慎的投资，以实现长期内在价值最大化。当住房和金融市场因过度的杠杆行为导致全球金融体系几近崩溃时，FactSet 在金融领域的客户受到的打击尤其惨重。其中一些银行（如雷曼和贝尔斯登）倒闭了，还有一些银行则被迫裁员以维持偿付能力。但 FactSet 没有削减成本以度过经济危机，而是继续投资于人力和 IT 基础设施，以支持一个有前景的、新的基础性产品研究，加强其对客户的现有价值主张。FactSet 的管理层认为，这些改进将增加现有客户的业务，同时吸引新客户从竞争者那边转换过来。这一举措虽然对短期收益造成了压力，尤其是来自客户的周期性压力，但管理层却对长期潜在回报信心十足。接下来，终端市场开始复苏，因积极投资于新的创新产品和客户支持，FactSet 的竞争优势明显增强。FactSet 的股东们已经从这种致力于公司长期价值最大化的做法中受益，而且还将继续受益。

与长期股东利益的一致性

优秀的管理层采用激励性薪酬制度，该制度在结构上使他们的财务利益与长期股东利益相一致。实际上，大多管理者倾向于短期激励，这有利于他们个人的经济利益。当然，任何激励制度都不能保证管理层与股东利益的一致性，真正好的管理源于管理层和董事会发自内心的坚定承诺。但无论如何，一个设计合理的激励计划可以通过减少公司长期价值最大化和追求短期财务满足之间的内在冲突，引导管理层走在正确的方向上。重要的是，当优秀的公司管理人员作为长期股东的代表表现出色时，适当的激励机制将确保他们得到公正的回报。

在评估美国公司的激励计划时，投资者需要做出相当多的判断。没有完美的激励机制，只有协调一致的程度。对股东有利的激励计划将强化管理行为，使企业的长期内在价值最大化。至少，一个设计良好的激励体系应向长期基本业绩目标倾斜，并避开那些充斥着短期财务回报的基准。管理层也应该能够清楚地阐明为什么他们选择的基本财务指标是公司长期目标的关键驱动因素。你可以在其提交给美国证券交易委员会的代理文件中看到公司薪酬结构的详细情况。

在查看公司的激励性薪酬计划时，有一些关键点需要我们关注：

- ▶ 合理的基本薪酬。什么是合理的基本薪酬或不合理的基本薪酬，二者没有绝对的界限，但投资者考察的机构越多，就越容易发现基本工资过高的公司。投资者还必须考虑业务环境。换句话说，一些公司比其他公司更容易受到管理者决策的影响。例如：与跨国石油公司的首席执行官相比，一家快速成长的小型专业服务公司的首席执行官对公司长期结果的影响力可能更大。现实中，这种影响力和薪水的关系却往往是倒挂的。

- ▶ 与长期业绩指标挂钩的财务支出。管理者的绝大部分薪酬应该与有挑战性的基本业绩目标挂钩。具体的衡量标准可能会因公司和岗位的不同而不同，但它们应该直接与管理层的个人能力挂钩。此外，优秀的管理层将能够证实其与内在价值的长期增长之间的关系。他们通常会采用与资本收益率和成长性相关的业绩指标。

▶ 没有特权。特权意味着管理层的权利意识与良好的公司管理要求不一致。在高级管理人员享有某些额外津贴的情况下，他们应与广大雇员的福利保持一致。常见的权力滥用行为可能包括对高管退休计划的捐款、对期权和限制性股票的补缴税款、财务顾问服务费用支出、配偶旅费报销、汽车补贴和俱乐部会费。

▶ 股权激励。公司的实质性股权应该有助于使管理层与股东利益保持一致，这既是象征性的，也是实实在在的。然而，投资者必须谨慎地了解投资入股的性质，因为，并非所有的股权激励都是平等的。在股票折价回购计划中，经理们必须将自己的血本与外部股东的钱一起进行投资，或仅在实现长期基本业绩目标门槛时才可以被授予限制性股票和期权。同时还要注意过度使用基于时间的股票期权的问题。这种激励工具在结构上就是有缺陷的，有时管理层表现不佳也会对其进行奖励。沃伦·巴菲特曾将基于时间的股票期权称为"在时间的流逝中支付的版税"。

投资者应该从更广阔的视角考虑股东利益联盟，而不仅仅是采用激励性薪酬。更具体地说，可以尝试确定董事会所采取的、并在公司章程中描述的公司治理政策是否确实保护了股东的利益，或者它们的目的是不是在保护管理层和董事会的既得利益。公司政策清单太长，种类太多，无法涵盖全部内容，但股东应该对任何旨在削弱股东权利的政策提出质疑，这可能包括分级董事会、"毒丸计划"、对股东经书面同意或召开特别会议权力的不合理限制，以及赋予某些股东优先投票权的双重资本结构。

资本纪律

优秀的管理者表现出资本自律。资本自律是指管理层和董事会在投资利用股东资本时所表现出的智慧和克制。多年来，我们曾经投资过许多看起来增长很快的公司，它们在收益和现金流方面取得了显著的增长，但这些收益却因为资本纪律的松懈而白白浪费了很多。

好的管理者明白公司的资产属于股东，他们有责任以理性、明智的决策对这些资产进行再投资。因此，优秀的管理者都会有一个纪律严明的投资决策流程。具体来说，任何投资都应在一组合理的假设下产生足够的风险调整收益。在许多成长型公司，这个预期收益率应该在 15% 左右。

与管理层的最低预期收益率同样重要的一点是，管理层愿意公开讨论公司的投资决策过程。管理层应该能够清晰阐明支撑投资项目的战略理由和关键财务假设。当投资者考虑公司的股东资本投资纪律时，他们必须理解一个管理团队有三个基本选择：①对核心业务进行再投资；②投资其他业务；③通过股份回购计划回购本公司的股份。

任何不能在这三种选择中获利的投资资本都应该返还给其合法的所有者——即股东。把资金返还给股东的问题在后面我们会深入讨论，我们先来看看优秀的管理者是如何对待股东资本投资的基本选项的。

核心业务再投资

在其他条件相同的情况下，我们更喜欢公司对核心业务进行再投资，因为这是风险调整收益率最高的领域，也是最有潜力提升长期内在价值的地方。然而，即使是对核心业务进行再投资，优秀的管理者也应仔细考虑每一笔新增投资的回报。没有什么是理所当然的，如果一个资本项目的长期潜在回报被判定为不合格，那么应该避免进行这项投资。

对核心业务的再投资可以采取多种形式，这些形式包括：在产品开发方面增加更多的工程师，发起新的品牌建设活动，增加客户支持人员的培训，或安装新的商业智能平台。衡量这些举措的预期回报可能会比较困难，但管理层应该能够清楚地说明这些支出的理由，及其对公司长期内在价值增长的意义。

对其他业务投资

这里主要是指通过收购、合资、少数股权投资或其他方式投资其他业务，这些投资偶尔会增加公司的内在价值。关于这一点，市场上有一种普遍的风气，即管理层倾向于对收购实体的预期财务贡献支付过高的费用并夸大其价值。事实上，已经有越来越多的案例和经验表明，大多数公司在开展收购以后，事实上破坏了股东价值，其中的原因有很多，主要包括傲慢自大、帝国梦想、不合理的财务激励、分析草率或判断失误。

对其他业务成功的投资往往规模都不大，主要还是与能够利用现有的核心竞争力有关，并在并购价格中考虑安全边际，以与未来可能的不确定性形成对冲。

股票回购

第三种股东资本的投资选择是在公开市场上回购自己公司的股票。这些股份回购本应与股东资本的任何投资一样被对待，即管理层需要考虑此项资金配置的长期预期收益。然而，近年来却有一种将股票回购单独归类的趋势。许多公司进行股票回购，从不考虑回购的长期预期收益。它们通常会将回购视为一种消化股票期权授予带来的股权稀释的工具。很明显，将财富从外部股东转移到内部人士手中，这是一种变相的财富转移，管理层的这种糟糕行为是对公司利益的破坏。在这个问题上我们都清楚，将资本投资于自己公司的股权，并不能免除管理层评估投资预期收益的责任。

在某些情况下，公司积极回购股票是为了大幅缩减股份数量。诚然，减少股份数量比稀释更可取，然而，减少股份数量并没有说明回购股份这笔投资所产生的收益。而只有当回购股份有足够的预期收益时，投资者才能从中受益。如果用于回购这些股票的资本的预期收益率较低，那么减少股份数量这件事就没有任何意义。优秀的管理者理解并明确一点：所有资本投资都应有一定的预期收益，包括对自己公司股票的投资。

把钱还给股东

对于伟大的成长型公司来说，总有一天，它们产生的现金会远远超过它们再投资的需要。优秀的管理者认识到，当公司产生的现金流超过了需要（也就形成了过剩的资本）时，就应该返还给股东。为此，他们还将制定一个明确的向股东返还资本的政策。

股票回购的负面影响

在考虑如何向股东返还资本时，即使是好心的管理层和聪明的投资者也会掉进一个陷阱——将股票回购视为资本的"回报"。

与公众的看法相反，我们认为：股票回购不是对资本的回报。即便回购的价格非常诱人，股东也只有在决定出售股票时才能获得资本回报，而这首先就违背了投资自己公司的目的。

给股东分红

对股东来说，唯一真正好的回报只有股息。股息对所有股东一视同仁，这将鼓励管理人员持有大量的股票，因为他们正在积极参与公司的高现金流业务。

在促进管理层和股东利益一致性方面，股息是一个未被充分利用的工具。然而，尽管存在很多应派发更多股息的论据，但许多高速增长的公司出于各种原因往往拒绝派发股息。最常见的说法或许是，派发股息就等于默认公司已经耗尽增长的机会。这里我们忽略了一个事实：优秀的管理者不会为了取悦华尔街而调整他们的商业策略或资本决策。罗伯特·阿诺特（Robert Arnott）和克利夫·阿斯尼斯（Cliff Asness）的一项研究（2003年1月的《金融分析师杂志》）表明，派息公司未来收益的增速实际上比不派息的公司更快。

阿诺特和阿斯尼斯表示：**"历史证据有力地表明，如果当前派息率高，未来预期收益增长得快；如果当前派息率低，未来预期收益增长得慢。许**

多人认为留存收益的再投资将推动未来收益的快速增长，这与我们有证据支持的观点相矛盾，但与坊间关于管理层经常通过分红或是低效并购行动来暗示盈利预期的故事情节是一致的。"

对于资本过剩的成长型公司来说，没有什么比丰厚的季度股息更能体现它们对股东的尊重和对良好管理的承诺。

增值的谎言

为说明收购或股份回购的正当性，管理团队常常会引用一个金融概念"增值"。资本增值指的是将目前收益率较低的资本（如资产负债表上的现金）投资于收益率较高的资产（如收购的企业），以提高每股收益。从表面上看，这在经济意义上是合理的。有什么理由不喜欢一项回报更高、每股收益更高的投资呢？

事实上，投资人有相当多的理由说不。为了增值进行投资，这个理由有点似是而非、偷换概念的感觉。资本增值表面上听起来不错，但它没有告诉我们这笔投资是否符合对股东资本谨慎使用的原则。一项投资可以很好地增加收益，但只能为股东带来低于平均水平的回报。

举个例子，假设A公司资产负债表上有1亿美元现金，通过货币市场基金每年可以赚取1%的收益，即100万美元。现在管理团队决定用这1亿美元收购Z公司，该公司税后利润预计为300万美元。收购以后A公司的收益将会增加，因为300万美元的收购收益大于100万美元的基金收益。但如果你把这笔收购放在投资收益的背景下考虑，那可只是微不足道的3%。如果公司以简单的股息形式将资本返还给股东，对股东更加有利。毕竟，这是股东的钱，而且大多数投资者很可能会找到收益率超过3%的投资。

然而资本增值却常常被管理层用来证明，将股东的资本投资于收益率低于平均水平的项目是合理的。真是好笑。

管理不善的案例

如果你投资的是一家成长型公司，它具备一家优秀公司应有的全部运营要素，包括在不断增长的行业中占据主导地位，以及实现两位数的收益和收入增长，那么你就应该期望能得到稳定的投资收益。但是如果管理层缺乏对良好管理基本准则的承诺，公司股东就有可能得不到他们应得的股息。

Adobe 公司的股东对这个故事再熟悉不过了。Adobe 最可能是因无处不在的 PDF 文件而为人所知，PDF 已成为电子文档事实上的行业标准，实际上 Adobe 的软件特许经营业务要广泛得多。公司的设计软件可以帮助客户在多个操作系统、媒体和移动设备上创建、交付和优化内容。20 多年来，它的旗舰产品 Creative Suite 软件一直是行业标准，为 Adobe 提供了可靠的商业模式和高度垄断的客户基础。

这就是为什么 Adobe 的长期股东们可能仍然对它念念不忘，并想知道他们的那份战利品到底怎么了。从 2004 年到 2010 年，尽管 Adobe 的收入增长了 128%，正常化每股收益增长了 62%，但股价跌了 8%，而且公司没有向股东支付任何股息。到底发生了什么事？

在这 6 年期间，尽管在维护和发展公司核心业务方面，Adobe 的管理层做得很出色，但这期间管理层和董事会用股东的资本进行的许多投资却疑点重重。这些"投资"包括以 52 亿美元收购两项业务，以 68 亿美元回购股份，合计 120 亿美元。Adobe 的管理层认为收购的项目都有着令人兴奋的业务，有着强劲的增长前景，但是，平心而论，这些收购的价格似乎过高，无法提供满意的资本收益率。此外，由于股份回购，该公司的股份数量有所下降。但是这些用于购买 Adobe 股票的大部分资金并不是为了全体股东，且几乎没有考虑过回购投资的资本收益率，其主要目的是防止收购和股票期权授予所引起的股票稀释效应。根据

> FactSet 的数据，这些投资的结果是，公司的投资资本收益率从 2005 年的 36% 大幅下降到 2010 年的 12%，这主要是受公司糟糕的资本纪律的拖累。
>
> 总之，这些案例告诉我们，如果公司从根本上缺乏对良好管理的承诺，那么公司的盈利乘数就会受到侵蚀。如果 Adobe 公司将用于收购和股票回购的资金以股息的形式返还给股东，股东们将可以获得大约每股 21 美元的股息。对于 5 年前以每股 30 美元左右的价格买入股票的投资者来说，这个回报相当不错。

透明度

优秀的管理层没有什么好隐瞒的，他们在所有非竞争性业务方面都是透明的，包括经营战略和激励性薪酬计划。这使得股东可以很好地评估公司的执行力和与股东利益一致的程度。很多公司的管理层回避透明度，其理由是这将使他们处于竞争劣势。这些理由大多不足为信，他们真正的目的是混淆、掩饰其对股东不利的本意。

享受时间的价值

一个优秀的营销团队只要运营得力，就能让任何一家公司变成下一个超级成长股？这种故事听听就算了。真正拥有可持续竞争优势、防御性商业模式和管理层良好的管理承诺的伟大公司是非常罕见的。我们通常会分析至少 20 家公司，然后才能找到这样一家具备完美属性组合的公司。当然，发现这些宝石的回报也是巨大的。正如著名的基金经理彼得·林奇所说："在你的一生中，你只需要几只好股票。我是说一只股票涨十倍就能赚很多钱，你需要多少？真的不需要太多。"

| 第 7 章 |

跳进战壕：把理论付诸实践

> 对目标而言，坚持和毅力的价值比一个人的聪明才智的两倍还重要。
>
> ——亨利·赫胥黎

有时恶劣的天气会故意让飞行员留在地面上，这反而为他们创造了一个重要的学习机会。在这个特殊的时间里，我们会有一种独特的消遣方式——"机库飞行"，就是飞行员们围坐在一起，交流飞行经验。如果足够幸运，会有一个或多个飞行员分享他们的经验和故事。对于缺乏经验的飞行员来说，这是他们增长知识和经验的重要机会。

　　现在航空界已经将"机库飞行"升级为一个为期一周的特殊活动，并吸引了世界上最伟大的飞行员。我指的是威斯康星州奥什科什一年一度的实验飞机协会（EAA）飞来者大会。每年有一百多万人来到这里观摩最新的设备和飞机，同时交流飞行经验。

　　要捕捉所有 EAA 飞行家的精彩瞬间是不可能的。为了给大家一个概念，我采访了三位前宇航员，其中包括弗兰克·博尔曼，他是人类第一次绕月飞行任务中阿波罗 8 号的执行指挥官，这还是我第一次采访他。这些宇航员也是许多杰出的研讨会演讲者，他们谈到了在 J-3 小熊队早期飞行时的故事。其他访谈对象中还有我的兄弟杰伊，他是威斯康星大学的一名经验丰富的飞行员和工程学教授，他分享的内容是飞行和制造飞机的相关知识和经验。研讨会只是活动体验的一部分。还有持续的飞机轰鸣声和每天的航空展，EAA 飞来者大会是我经历过的最棒的机库飞行活动。

　　本着 EAA 的分享精神，我们想重点为您分享机库飞行的一些体验。在这一章中，我们将讨论我们的一些投资经验，有好的也有坏的，还有我们在过去几年里的投资案例。这些未加修饰的账本记录了我们投资决策的过程。我们希望这些故事和本书中介绍的策略，能够帮助大家获得知识，收获经验。

苹果公司

　　今天，苹果公司已是世界上公认的最具创新精神和最成功的科技公司之一。它不仅拥有一年超过 750 亿美元的销售额,还有超过 3000 亿美元的市值,苹果公司已经成为世界第二大市值的上市公司。

在 20 世纪 90 年代末,我们第一次研究苹果公司,当时它还是一个走下坡路的电脑制造商,市场份额不断下降,未来充满了不确定性。1998 年 5 月,我们第一次买入苹果的股票,当年苹果公司的年销售额已经从 1995 年 111 亿美元的峰值下降到 59 亿美元。苹果的个人电脑销量只有 270 万台,市场份额已经降至 4% 以下。当时,Windows 98 和 Windows NT 刚刚全新推出,增长势头凶猛,投资界普遍的观点是,微软将统治电脑世界,苹果很难有生存空间。

然而,在过去的一年里,有一个关键事态的发展吸引了我们的注意。苹果公司收购了一家名为 NeXT 的软件公司,这次收购促使其联合创始人史蒂夫·乔布斯重返苹果公司,并担任临时 CEO。

当时华尔街和许多投资者的共识是,"如果你可以拥有戴尔、康柏或惠普这样的市场领军企业,为什么偏偏要投资一家仅仅拥有 4% 市场份额的过气的个人电脑公司呢?"市场对苹果公司不屑一顾。然而,乔布斯开始的举措已经让苹果公司扭亏为盈,加上公司固有的竞争优势,点燃了我们的兴趣。我们决定在 1998 年开始买入苹果公司的股票,并在未来四年逐步建立头寸,这一决定遭到了许多客户的强烈质疑。更糟糕的是,在我们开始建仓之后的头几年,苹果的业绩一直不温不火。但我们对公司的信心,以及在面对批评时对投资保持的耐心和决心,最终得到了回报,这回报远远超出了我们最初最乐观的预期。

当华尔街都在回避这家摇摇欲坠的电脑制造商时,是什么因素促使我们投资苹果呢?以下是我们总结的一些要点,我们认为,这些因素会让苹果公司有机会重新崛起逆转成为一家高速增长的公司。

有远见的领导人

史蒂夫·乔布斯一直被认为是一个富有创造力的梦想家，重新执掌苹果公司时，他阐述了自己对苹果公司的愿景：苹果公司是一家擅长设计易于使用的、利用互联网的消费级产品的公司，但不局限于电脑。他了解到网络的变革力量和新模式的转变正在形成趋势。个人电脑的功能将不只是一种计算或文字处理设备，它将成为家庭的通信设备或"数字中心"，通过与网络相连，它可以处理多种形式的媒体文件。

互联网

显然，互联网正在推动行业发生结构性的变化。具有讽刺意味的是，首先从这种变化中受惠的往往是那些在传统市场份额占比较低的公司。相比地位更稳固的竞争对手，这些公司的反应往往更敏捷。PC 时代，操作系统曾是苹果的眼中钉，特别是当时的 Windows 操作系统占据了个人电脑市场高达 94% 的份额。但是互联网的到来帮助苹果公司把这个巨大的门槛降低了。与基于 Windows 的个人电脑相比，Mac 电脑不好玩，也"玩得不好"。为 Windows 设计的应用程序无法在 Mac 上运行，反之亦然。然而，互联网的出现帮助行业创造了公平的竞争环境。随着越来越多的用户迁移到网络，使用何种类型的操作系统，开始变得不那么重要，因为用户只要有一个 Web 浏览器就够了。

强大的品牌知名度和忠实的客户群

尽管苹果公司最近遇到了很多麻烦，但苹果品牌仍是世界上最受认可的品牌之一，Mac 仍然拥有 2200 万用户，他们对苹果非常忠诚、极其狂热。

知识产权

苹果是世界上为数不多同时拥有软硬件知识产权的计算机公司之一，

这为公司在PC领域的创新和差异化竞争提供了平台。同时，苹果借此优势充分挖掘利用硬件的价值，最终使苹果的毛利率明显高于竞争对手。

简化产品线

乔布斯回来后的第一个关键举措就是简化公司的产品线。他把公司19款产品中的15款都给取消了，包括打印机和Newton掌上电脑。公司将专注于四个关键产品：专业的台式电脑和笔记本电脑——主要针对内容创作者和其他专业人士，以及针对普通消费者、教育市场的笔记本电脑。G3系列专业台式电脑运算能力超强，其运行速度是奔腾2的两倍。自1997年秋季推出以来，G3产品线帮助苹果公司迅速恢复了盈利。随后，苹果公司又在1998年5月推出了专业版的便携式Powerbook G3，反响同样不错。

商业模式转型

苹果之前的商业模式专注于电脑制造，先制造出来，然后再想着怎么把电脑卖掉，但乔布斯更喜欢戴尔的商业模式——先销售电脑，然后再制造电脑。粗放的库存管理在过去一直困扰着苹果公司，这个问题曾在1996年将苹果推到了破产的边缘。在简化了产品线之后，苹果面临的下一个挑战是转变商业模式，淘汰原有粗放的库存管理方式。为了促进这一转变，苹果从康柏公司请来了蒂姆·库克。

在库克到来之前，苹果在其工厂最多有5周的库存，每年只有10次库存周转，而戴尔为40次。这可以归咎于供应链管理的问题。原来苹果公司的经理们在生产与需求匹配方面做得很少，他们依赖的销售预测与事实相差甚远。其结果往往就是，公司要么因为无法满足需求而错过销售良机，要么陷入库存大量过剩的困境，最后不得不以惊人的成本冲销这些库存。

在康柏的经历让库克明白，个人电脑制造业务中最重要的指标之一，就是一家公司能够以多快的速度周转库存。库克坚持要改变苹果公司的这种恶性循环，改造公司效率低下、臃肿不堪的供应链，同时精简低效的生产流程。

为了实现这一目标，苹果决定退出制造业务，几家工厂全部关闭，数千名工人被全部解雇。公司将大部分原来自己干的制造和组装业务全部外包给了具有规模经济效益以及在供应链管理方面有专业优势的外包制造商。改革的结果是游戏规则发生了改变。苹果不再根据可疑的销售预测提前生产数千台电脑，而是每周预测销售情况，每天调整产量。这使得公司的总库存减少了82%，同时释放了超过3.5亿美元的营运资金。库存周转率迅速飙升至超过60次，不仅与戴尔持平，还超过了后者，这让苹果公司成为全球最高效的PC制造商。

1997年11月，史蒂夫·乔布斯宣布了苹果商业模式的另一个重要变化：苹果开始通过电话和新的苹果在线商店直接销售电脑。结果苹果在线商店一炮而红，一周之内，就成了第三大电子商务网站。

财务状况改善

1998年年初，在我们对苹果公司进行研究的初期阶段，由于上述诸多因素的影响，公司的财务状况显著改善。当时G3的产品线正在热销。1998年1月，乔布斯在Macworld大会上宣布，苹果公司实现了一年多以来的首次盈利。1998年4月，乔布斯宣布苹果迎来了又一个盈利的季度，而且超出华尔街预期两倍多。盈利能力的恢复，加上改善库存释放出的现金，公司的资产负债表开始变得强大起来。到了1998年第三季度末，苹果资产负债表上的现金超过了18亿美元，而长期债务只有9.5亿美元。当时公司的市值只有35亿美元。在我们看来，苹果的业务势头已经明显好转。尽管华尔街对苹果长期前景的判断仍然极度悲观，但我们已经迫不及待地想要做出第一次买入决策了。

买进苹果

买入之前,我们进行了基础研究的最后一步——利用格雷厄姆估值框架来评估苹果的内在价值。由于苹果刚刚经历业绩扭亏为盈的重大变化,启用"正常化"的财务假设尤为重要。考虑到产品线调整的因素,我们使用 58 亿美元作为调整后正常化的年收入。虽然业绩好转,收益增长迅猛,但我们认为将未来 7 年"正常化"的增长率定在 10% 的水平是比较谨慎的做法。当时公司正常化营业利润率的合理预估为 10%,除权后每股收益为 0.52 美元。

应用格雷厄姆估值公式 [(8.5+2× 增长率)× 每股收益],以 10% 为增长率,0.52 美元为正常化每股收益,导入公式得:

$$(8.5 + 2 \times 10) \times \$0.52 = \$14.82$$

14.82 美元是我们对苹果公司的估值,相对于公司当时大约 7 美元的股价(除权后)有差不多 112% 的溢价。到目前为止,看起来还不错。下一步是计算公司未来 7 年的预期价值。根据格雷厄姆估值公式的需要,我们将未来 7 年的预测正常化每股收益增长率设为 10%,7 年后采用 7% 的永续增长率。根据这些假设,第 7 年苹果公司预期每股收益为 1.01 美元。导入 7% 的永续增长率,7 年后苹果公司内在价值为 22.73 美元,方程如下:

$$(8.5 + 2 \times 7) \times \$1.01 = \$22.73$$

将 22.73 美元的内在价值与苹果当时 7 美元的股价(除权后)进行比较,计算得出此时买入苹果股票的投资者在这 7 年里的预期复合收益率为 18.3%,远远超过了我们 12% 的最低预期收益率。有吸引力的预期收益,加上近期苹果公司的一系列重大利好公告,最终让我们下定决心在 1998 年 5 月 6 日开始买入苹果的股票。当时苹果公布了面向消费者和专业人士的新产品,包括两款重量级的便携式电脑和两款台式电脑,以及一款全新的

Mac 电脑机型。这款全新设计的机型被称为 iMac——"为我们所有人设计的互联网时代的电脑"。交易完成后,我们对苹果的首期建仓平均成本是 7.60 美元(见图 7-1)。

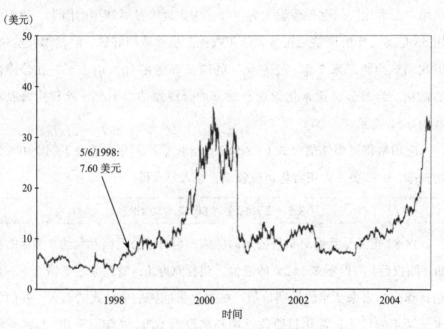

图 7-1　1998 年 5 月 6 日,DGI 买入苹果电脑

资料来源:FactSet。

iMac 时代

凭借引人注目的蓝色、半透明、三角形底盘,iMac 在 1998 年几乎把所有的设计奖项都收入囊中。新一代的 iMac 搭载奔腾 PowerPC G3 处理器,互联网接入速度超快。"我们设计 iMac 是为了满足消费者最关心的东西——互联网的刺激和 Mac 的简单,"乔布斯解释道,"今天,我们把浪漫和创新带回了这个行业。iMac 告诉每个人苹果所代表的意义——iMac 是一台全新的互联网电脑。"

iMac 的目标市场是消费者和教育市场,它的特点是酷炫的一体机设计，其运行速度是最快的 Wintel 家用电脑的两倍，而价格只有 Wintel 的一半。就在这个月晚些时候，在 Macworld 开发者大会上，乔布斯以一个短视频展示了 iMac 的简单易用性。视频内容是一个 8 岁的男孩和他的狗狗被分配了一项任务：安装一台计算机（iMac）并实现联网。一个中年男子同时被分配了相同的任务，但他用的是惠普电脑。最后，小男孩只花了 8 分钟就安装好了 iMac 并开始上网，而中年男子则花了 28 分钟！

iMac 的发布也激发了软件开发者的热情。在 iMac 发布后的两个月里，软件开发人员就 Mac 应用程序发布了近 200 个更新和升级。

1998 年 7 月，苹果宣布连续三个季度实现盈利，净利润达 1.01 亿美元，又一次超出华尔街的预期。证券市场对这一结果做出了积极的反应，但随着怀疑的情绪，股价再次出现波动。

我们利用"市场先生"的怀疑和波动，于 1998 年 8 月 5 日再次增加头寸，这次的平均成本约为 8.70 美元。如图 7-2 所示，随着公司基本面的加速发展，苹果股价持续飙升。1998 年秋季是属于苹果的，iMac 成了美国最畅销的电脑，它的销量远远超出了华尔街多数分析师的预测。

1998 年 10 月，苹果继续超出预期，宣布了又一个季度实现盈利和当年全部实现盈利的消息。1999 年，苹果延续了这一增长势头，销量增幅遥遥领先，而且常常是行业平均增幅的 2～4 倍；毛利率达到了 4 年来的最高水平，接近 30%，利润同比增速也在飙升。业绩增长，加上一流的库存管理（较低的个位数的库存天数）带来的强劲的经营性现金流，进一步优化了苹果公司的资产负债表。

1999 年 7 月，由于 iMac 的持续热销，苹果公司公布实现净利润超过 2 亿美元。本季度一个重要的财务亮点是 31 亿美元的期末现金余额，6.61 亿美元的债务成功实现债转股，以及只有 1 天的期末库存！当时苹果的市值约为 85 亿美元。

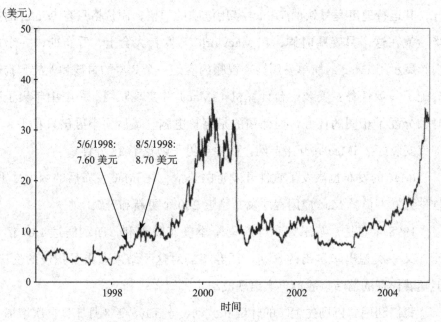

图7-2　1998年8月5日，DGI买入苹果

资料来源：FactSet。

1999年7月，在纽约Macworld大会上，苹果推出了苹果产品家族的一个最重要的产品——便携式iBook。与竞争对手Wintel不同的是，iBook没那么单调，它拥有一个类似翻盖的设计，还有多种双色选择。和iMac一样，iBook几乎囊括了1999年所有设计大奖。

在接下来的12个月里，随着销售额和收益不断刷新纪录，苹果的股价和市值也在不断创出新高——分别达到了每股35美元和230亿美元（见图7-2）。接下来，苹果又陆续发布了更多的新产品，包括2000年7月推出的Power Mac G4 Cube。Power Mac G4 Cube系统在8英寸的立方体中实现了Power Mac G4的性能。G4的魔方设计既吸引了专业用户，也吸引了对功能要求更高的高端用户。与iMac类似，Cube是一款革命性新产品，但最终表现不如预期。

随着连续七个季度的盈利和经营性现金流的创造，到 2000 年下半年，苹果资产负债表显示了公司充盈的资金——38 亿美元的现金和短期投资，只有 3 亿美元的长期债务。但随着接下来形势的转变，这笔资金很快就派上了用场。

高科技泡沫破灭

2000 年秋，全球经济放缓不仅影响了 PC 行业的销售，也影响了苹果电脑的出货量。在教育市场销售低迷以及 G4 Cube 增长放缓的情况下，苹果公司提前宣布，预计截止到 9 月的季度业绩将出现大幅下滑。这个声明是在 2000 年 9 月 28 日股市收盘后宣布的。第二天，2000 年 9 月 29 日星期五，苹果的股价下跌了 52%！当我们看到"市场先生"以前一天一半的价格抛售股票时，我们的心都提到嗓子眼了。虽然当时也感觉到惊讶和失望，但我们最终认为股价的反应是极端的，并得出结论："市场先生"过于悲观。我们判断苹果的业务放缓是暂时性的，而且我们的安全边际并没有因此而减少。因此，我们利用股价大幅下跌的机会又一次增持了苹果的股票，这一次的平均成本为 13.90 美元，不到当时苹果资产负债表上每股净现金的两倍（见图 7-3）。

考虑到苹果股价大幅下跌的影响，我们认为应以书面形式向客户更新我们关于苹果的信息和观点，表明我们的理性。2000 年 10 月 3 日，我们给客户发了一封信，告诉他们关于苹果股价暴跌的最新情况、暴跌的原因，以及我们对形势的判断。图 7-4 就是我们当时发送的邮件。

在接下来的几天里，随着华尔街对苹果公司的清剿，投资者继续抛售，墙倒众人推，苹果股价进一步走低。9 月在官方发布季度业绩时，乔布斯宣布，因渠道库存过高，公司产品将大幅降价。这一行动将导致苹果的财务业绩进一步下滑，但会让公司在即将到来的 2001 年轻装上阵。2001 年 1 月，该公司公告季度亏损，这是 3 年多以来的首次亏损。

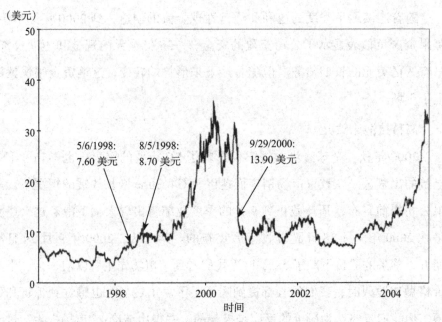

图 7-3　2000 年 9 月 29 日，DGI 买入苹果

资料来源：FactSet。

2001 年对苹果来说至关重要。尽管科技产业发展放缓，同时面临"9·11"事件和随之而来的经济困境，但是乔布斯仍火力全开、坚持创新，为公司未来 10 年定调定位。他重申自己对个人电脑未来的设想：个人电脑将成为捕捉、存储、编辑和共享包括照片、音频和视频在内的数字内容的"中心"。

苹果公司推出了 Mac OS X，这是自 1984 年推出 Mac 以来操作系统中最重要的一个系统。紧随其后的是一个关键的软件应用程序 iTunes 的发布。2001 年春天，苹果公司首次推出了线下零售店，首批有两家，分别开设在弗吉尼亚州和加利福尼亚州。在接下来的几个月里，公司对 iMac、iBook、PowerBook 和 PowerMac 的设计进行了重大调整，同时取消了业绩低迷的 G4 Cube。

APPLE COMPUTER

October 3, 2000

Given the recent events affecting the stock price of Apple Computer, we wanted to update you on what happened, why we believe it happened, and most importantly, our assessment of the situation.

What Happened?

On September 28, 2000, Apple Computer announced that earnings for its quarter ending September 30, 2000 would be substantially below Wall Street analysts expectations due to slower than expected sales in the month of September. The company stated that sales for the quarter would be between $1.85 and $1.90 billion and earnings per diluted share, before investment gains, would be between $.30 and $.33. Wall Street estimates called for roughly $2.0 billion in sales and $.45 in diluted earnings per share before investment gains.

Why?

Management of Apple cited three reasons for the shortfall: (1) lower than expected September sales due to a business slowdown in all geographies, (2) lower education sales, especially in the September peak selling season, and (3) a slow start for the company's new Power Mac G4 Cube. In addition, the company stated that it will be providing lower growth targets for next quarter (Dec.) and the next Fiscal year (Sept. 2001).

How did the stock react?

The stock dropped from $53.50 to $25.75 (-52%) on Friday, September 29, 2000.

What was our assessment of the situation?

Although we were surprised and disappointed with the news on Apple, we felt the subsequent price decline was an extreme overreaction. Why? Apple Computer is a leading personal computer company with one of the strongest brand names in the world. It is one of the only computer companies in the world that owns the intellectual property rights to both its hardware and software designs. Its products offer innovative designs that stress ease of use for the customer. Apple has recently redesigned four of its five product offerings and has a dynamic new product pipeline that should drive earnings in 2001 and beyond. We felt the business slowdown was short-term in nature and that the downside risk to the stock was minimal.

Financially, Apple has about $14 per share of cash and marketable securities, nominal debt, generates strong operating cash flow, and operationally is one of the best run companies in the computer industry. It is rare to be able to purchase tech companies of this size at such a low valuation.

图 7-4 关于苹果公司的邮件

虽然乔布斯做出了种种努力，但苹果的股价还是不停地下跌。就在整个市场情绪还在观望的时候，我们做了简单的计算，然后在 2001 年 10 月 11 日最后一次买入了苹果的股票，平均价格为 8.81 美元（拆股调整后）（见图 7-5）。

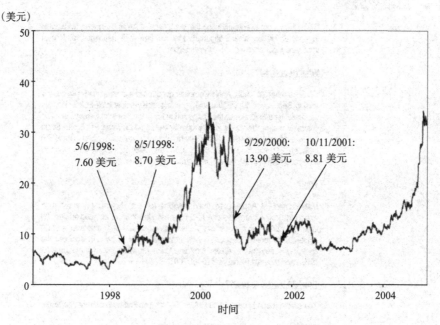

图 7-5　2001 年 10 月 11 日，DGI 买入苹果

资料来源：FactSet。

我们在苹果身上看到了什么？华尔街忽视了什么？令人眼花缭乱的创新产品当然引起了我们的注意，但这只是一方面，真正促使我们再一次下手的核心原因是苹果公司资产负债表的实力和基于格雷厄姆公式的估值。当时苹果的市值为 62 亿美元，减去资产负债表上的 42 亿美元现金，计算后我们的净买入价只有每股 2.85 美元。若以调整后的每股收益 0.78 美元计算，我们实际上买入苹果股票时其市盈率还不到 4 倍！根据格雷厄姆估值公式，这次 8.81 美元的买入价将为我们带来一个惊人的 24.2% 的 7 年预

期收益率！在应用这个公式时，我们假设调整后的正常化每股收益为 0.78 美元，未来 7 年的增速为 10%，之后永续增长率为 7%。以此计算，苹果未来 7 年的每股预期收益为 1.52 美元，公司内在价值为 34.20 美元。再加上资产负债表上每股 6 美元的现金，我们得出苹果公司的最终内在价值是 40.20 美元。

这几乎是我们 8.81 美元买入价的 5 倍，以此推算未来 7 年的预期平均年收益率为 24.2%！具体计算公式如下：

$$(8.5 + 2 \times 7) \times \$1.52 = \$34.20$$
$$\$34.20 + \$6（资产负债表上的每股现金）= \$40.20$$

在 2001 年 10 月我们最后一次加仓之后，该公司产品设计继续迭代，新品不断推出。2001 年 10 月 23 日，在我们最后一次购买的 12 天后，iPod 正式推出，苹果为其最终成功播下了一粒种子。iPod 标志着苹果公司在传统 Mac 业务之外的重大转变突破。最初，iPod 的销售业绩稳定发展但并不起眼。

当时，尽管苹果做出了种种努力，但受经济衰退和行业萎靡的影响，公司的销售仍然停滞不前。在接下来两年的大部分时间里，苹果的季度营收一度徘徊在 15 亿美元左右，利润微乎其微。同一时期，苹果的股价也始终在 7 美元到 12 美元之间波动。然而，随着 2003 年年初 iTunes 音乐商店的推出，iPod 销量开始飙升。2003 年晚些时候，Windows 版的 iTunes 发布，iPod 很快成为历史上销售增长最快的音乐播放器。然而，2003 年 4 月 17 日，也就是我们最后一次加仓买入苹果股票的 18 个月之后，苹果的股价却跌到了 6.36 美元的低点。

在四年的时间里，我们小心谨慎地建立头寸，平均买入成本非常低，超过 50% 的买入价在一个买入点之下。

面对暴跌之后持续低迷的股价，对我们投资苹果，我们的一些客户开始变得焦躁不安，并向我们表达了不满，对此我们并没有感觉到奇怪。一次又一次，我们会听到这样的声音："为什么要投资这个只有4%市场份额的过时的PC公司？！"我们的回应是，苹果公司正在进行转型，我们相信苹果会是"一家领先的互联网终端智能设备、消费电子制造公司"。我们请求他们对我们在苹果的投资继续保持耐心。

蝶变

2003年，苹果的财务状况开始好转。iPod/iTunes系列革命性产品引发了"光环效应"，反过来刺激了新款Mac电脑的销售。苹果收入再次开始起飞，2004年销售额达到83亿美元，超过了2000年80亿美元的峰值。财务重生很快在其股价上得到反映，从2003年年初到2006年，苹果股价从6美元涨到80美元，上涨超过12倍。

迅速增长的业绩使得我们过去对苹果公司7年的财务预测显得过于保守。2005年12月，苹果公司过去12个月的收入就超过了我们原来2008年155亿美元的销售预期。公司的营业利润率从2004年的4%上升到2006年的13%左右，这些变化源自销售增长和产品组合的转型——从传统PC电脑向利润更高的消费电子产品的转型。同期公司每股收益从0.36美元飙升至2.36美元。

苹果令人瞩目的财务进展，在我们公司内部又引发了关于苹果长期发展天花板的讨论。2006年，我们寻找了可比消费电子公司索尼作为对照。当时，按照苹果调整后正常化收入为190亿美元，收入增速为12%，推定第7年（2013年）的收入约为420亿美元。

回顾索尼的历史销售业绩，我们锁定其1990～1995年的业绩与苹果进行对比，这一时期索尼的销售额从182亿美元增长到了459亿美元。这说明我们2013年苹果420亿美元销售额的预测是合理的。2010年，苹果销售额达到762亿美元！我们的假设再次被证明过于保守。从2006年开始，苹果的产品不断推陈出新，一路赢得消费者的青睐，市场份额不断增加。随着 PC 电脑不再是该公司唯一关注的焦点，公司也不再被称为苹果电脑公司。

2007 年 1 月，苹果公司推出 iPhone，彻底颠覆了手机市场。iPhone 正式发布后不到 15 个月，乔布斯宣布，苹果已经成为世界第三大手持移动设备供应商！在接下来的三年里，iPhone 又更新了三个新版本，到 2011 年 3 月，iPhone 在全球的销量超过了 1 亿部。

继 iPhone 的成功之后，苹果在 2010 年 4 月又发布了新的平板电脑 iPad。iPad 在上市头 80 天内售出了 300 多万台，到 2010 年 12 月已售出 1480 万台，超过所有其他平板电脑的总和。

如图 7-6 所示，2011 年 2 月，苹果的股价超过了 360 美元。这时，苹果的市值已经超过了 3000 亿美元，成为全球第二大上市公司。自 1998 年 5 月我们首次买入以来，苹果公司的股价已经上涨了超过 45 倍！

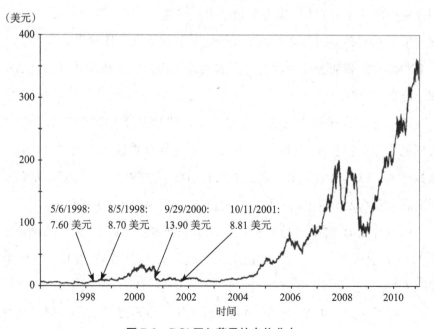

图 7-6 DGI 买入苹果的点位分布

资料来源：FactSet。

价值回归之路漫长而坎坷。从黑夜到天亮，其间需要极大的耐心和决心，才能忍受公司多年的业绩不振和客户持续的怀疑。但是在这期间，每当看到苹果公司的资产负债表、内在价值以及令人兴奋的新品时，坚守和加仓又是一个简单的决定。到目前为止，我们几乎不认为我们错了——公司的成长和股票的涨幅远远超出了我们最乐观的预期。

拉夫·劳伦

1967年，拉夫·劳伦公司一创立，就推出了一系列与当时潮流风格截然不同的男士领带。在随后的45年里，劳伦在扩大服装产品线和管理风格上也同样特立独行，这也是公司成为世界上最成功的服装公司之一的原因。

公司成立后，很快就获得了成功。在公司创立两年时，劳伦在曼哈顿的布鲁明戴尔开设了第一家男装精品店，并赢得了男装时尚大奖。1971年，他推出了人们熟悉的马球马和第一个女子马球系列。1974年，拉夫·劳伦受邀为派拉蒙影业公司新片《了不起的盖茨比》的演员设计服装，公司因此一炮走红。

1991年，公司销售额超过8亿美元，利润超过5000万美元。除了核心的男装和女装业务，1983年，拉夫·劳伦还开创性地将服装时尚延伸至家具产业，成为当时一个强大的新增长引擎。它的分销和销售战略包括百货商店、专卖店、店中店、拉夫·劳伦店、特许经营店和直销店。

1997年6月17日，公司完成了首次公开募股，以26美元的价格发行了1117万股股票，市值为26亿美元。截至1998年3月28日，公司财年净收入为1.2亿美元，折合每股1.2美元，销售额近15亿美元。

在接下来的7年里，公司的复合收入增长率超过了12%，但股票却没有表现出来。由于公司定位于长期可持续性，导致公司的利润增速明显落后于收入增长。

事实上，我们看到，拉夫·劳伦的哲学已经贯穿了他的服装品牌理念与产品背后的商业。1970年，有人引用拉夫·劳伦的话说："我不是一个时尚人士，我有点反时尚。我不想成为那个世界的一部分，它太短暂。我从来没有被它影响过，我感兴趣的是永恒、风格，而不是时尚。"

拉夫·劳伦是世界公认的品牌。当时，它在美国享有主导地位，在国际上也开始崭露头角。10年前，从零开始，公司的欧洲业务增长到今天10亿美元的规模。

公司业务主要分为三个部分：批发、零售和特许。批发部门主要将其品牌分销给遍布美国、加拿大、欧洲和亚洲的主要百货公司和专卖店。

零售部门通过全价零售商店和遍布美国、加拿大、欧洲、南美和亚洲的工厂零售商店，以及其他渠道"包括电子商务"，直接向消费者销售。特许部门将商标权授权给非关联第三方，用于在指定区域和特定时期内制造和销售指定产品，如服装、眼镜和香水。

公司的主要品牌有：拉夫·劳伦Polo、拉夫·劳伦紫标、拉夫·劳伦女装系列、黑标、蓝标、拉夫·劳伦、RRL、RLX、Rugby、拉夫·劳伦童装、American Living、Chaps以及Club Monaco。

2006年年底，在蒙大拿州的一次战略会议上，经初步讨论，我们将拉夫·劳伦列为潜在投资对象。那时，我们的投资团队正在制作一份全球顶级品牌的名单。不出所料，拉夫·劳伦榜上有名。所有人都认为拉夫·劳伦是一个伟大的特许经营类公司，是一家我们想拥有的公司。然而，当时拉夫·劳伦的股票（纳斯达克代码：RL）并非藏在深闺无人知。就在当年早些时候，其股价在跌至每股40美元的底部后，一度反弹，飙升至每股100美元。我决定把拉夫·劳伦列入我们股票的"愿望清单"，希望"市场先生"将来能给我们提供一个更好的购买机会。

2007年8月，该公司业绩增幅仅为12.5%，低于15%的预期，这是该公司连续14个季度以来首次未能实现营收预期，当日股价下跌超过12%。这次下跌激发了我们的兴趣，在接下来的5个月里，我们对这家公司开展了更加密切的监测、调研。但当时，由于投资者对社会消费支出大幅下降的担忧加剧，拉夫·劳伦的股价继续走低。

2008年1月，我们买入了拉夫·劳伦，初次建仓成本平均为56美元（见图7-7）。与2007年7月6日102美元的峰值相比，此时股价已经腰斩，下跌的主要原因是投资者担心社会消费支出可能出现下降。当时，拉夫·劳伦的营业收入有43亿美元，财务指标行业最优，毛利率是50%，营业利润率是15%，投资资本回报率是15%。此外，公司正在推进其长期既定的国际增长战略，其中包括大量的资本投资。

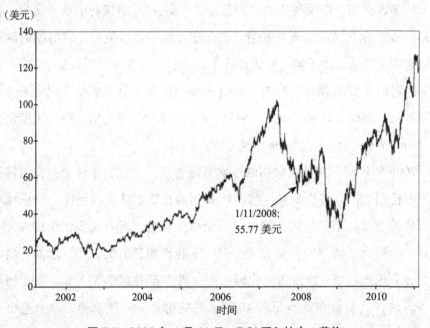

图7-7　2008年1月11日，DGI买入拉夫·劳伦

资料来源：FactSet。

选择投资于长期增长，而不在乎其对短期盈利的影响，这是现代 CEO 们很少愿意做出的决定。事实上也是如此，为了安抚短期股东而去管理股价，这压力太大了。拉夫·劳伦似乎正以战略眼光领导着这家公司。

最初一次对拉夫·劳伦的投资，为我们的客户带来未来 7 年年化 15.6% 的预期收益率，远远超过了 12% 的最低预期收益率。当时，基于格雷厄姆公式对公司当前和未来内在价值的评估，我们制定了这个投资决定。

在使用格雷厄姆公式时，我们的假设如下：15% 的正常化营业利润率，3.66 美元的当前正常化每股收益，10% 的 7 年预测收益增长率，以及 7% 的 7 年后永续增长率。我们将格雷厄姆公式中的 8.5+2G（$G=10\%$）的结果乘以正常化每股收益 3.66 美元，得出公司当前的内在价值为 104 美元。未来 160 美元的内在价值是通过对第 7 年 7.13 美元的每股收益、7% 的永续增长率，应用相同的公式计算得来的。

估值公式如下：

$$(8.5 + 2\times 7) \times \$7.13 = \$160.43（未来内在价值）$$

将 160 美元的未来内在价值与 58 美元的买入价进行比较，得出 7 年复合年预期收益为 15.6%。

在 2008 年期间，随着世界经济衰退，人们对消费支出减少的担忧成为事实。金融危机不仅对华尔街造成了损失，也给普通民众造成了影响。到 2008 年年底，人们对社会消费能力的担忧已经反映在了股价上。那时华尔街已经抛弃了拉夫·劳伦，反对者们在想："拉夫·劳伦的衣服还卖得动吗？"然而，拉夫·劳伦的管理层并没有退缩，反而继续执着于其既定的长期增长战略。

我们利用了精神分裂患者"市场先生"过度悲观带来的机会，在 2008 年 10 月底以 48 美元的均价加仓了拉夫·劳伦（见图 7-8）。根据我们最初的假设和最新的财务数据，拉夫·劳伦给我们带来的预期收益率已经升至20%以上。然而，这并没有阻止股价下行的趋势，接下来的跌幅一度超过了30%，最低点达到了32美元。

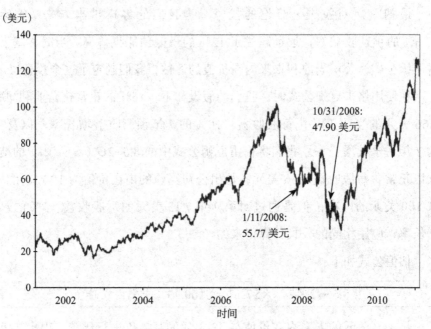

图7-8　2008年10月31日，DGI买入拉夫·劳伦

资料来源：FactSet。

虽然经济形势引起了拉夫·劳伦收入和收益的暂时性下降，但该公司的投资继续大举推进，以扩大其在美国市场以外的业务。相对于其他品牌服装公司而言，拉夫·劳伦的这些投资，加上对长期战略的坚持，使其以更强大的竞争优势率先摆脱了衰退的影响。

如图7-8所示，在稳健的业务执行和强劲的财务业绩的推动下，拉夫·劳伦的股价强劲反弹。公司的扩张战略已在欧洲稳步推进，目前又在亚洲成功复制。尽管进行了大量的资本投资，该公司的收入和收益仍保持强劲增长，投资资本回报率接近30%。

在撰写本书之时，拉夫·劳伦的股价已经达到了每股 130 美元，比我们第一次的买入价上涨了 132%，比第二次的买入价上涨了 171%。然而，根据当前价格和格雷厄姆估值公式，拉夫·劳伦还可以继续提供超过 12% 的年化预期收益率。

McLeodUSA

McLeodUSA 成立于 1991 年，1994 年开始在艾奥瓦州和伊利诺伊州提供本地和长途电话服务。到 1999 年，公司已发展成为全美最大的区域性电话公司之一，在 267 个城镇拥有近 40 万用户。

当我们在 2000 年 10 月首次买进 McLeod 股票时，它已经是全美领先的有竞争力的本地交换运营商（CLEC），为广大中小企业提供电话和数据服务。在其核心运营领域，公司已经占据领先的市场份额（超过 35%），是行业内唯一一家产生正向运营现金流的 CLEC。McLeod 的资金看起来足够支持运营，我们对 McLeod 内在价值的内部评估是 25 美元，这是通过格雷厄姆公式确定的。尽管当时该公司的经营性现金流为正，但由于前期为建立全国网络而进行的巨额资本支出所产生的沉重折旧和摊销费用，该公司尚未产生正的每股收益。基于对公司在网络建设完成并充分利用后所能达到的预期，我们假设公司的正常化营业利润率为 20%。将 20% 的营业利润率乘以当前 14 亿美元的正常化收入，最后得出每股收益为 0.57 美元。我们假设 McLeod 的正常化收入增速为 18%，导入格雷厄姆公式：

$$(8.5 + 2 \times 18) \times \$0.57 = \$25.37（内在价值）$$

由于在市场上的强势地位，McLeod 获得了华尔街的青睐。2000 年 3 月，其股价达到最高点 36 美元，远远超出我们对其内在价值的评估，但在接下来的 6 个月里，股价又急剧下跌到了 15 美元左右。2000 年 10 月我们以 14.86 美元的平均价格买进了这只股票。2000 年 11 月，我们又在 12.96 美元价位做了增持，这个价格约等于其内在价值的 50%（见图 7-9）。

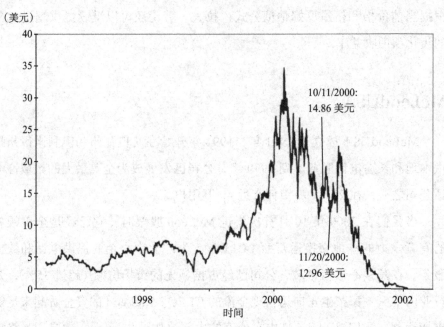

图 7-9　2000 年 10 月 11 日和 11 月 20 日，DGI 买入 McLeod

资料来源：FactSet。

2001 年 1 月，在我们购买股票之后，大量资金涌向了 McLeod，股价回升到了 23 美元。大约在同一时间，两家竞争对手申请了破产，这印证了我们的看法——该行业正在开始整合。

终结的开始

2000 年春天，客户对中小企业电话和数据服务的需求急剧放缓，行业竞争加剧。我们持续检查，再次确认了 McLeod 基本面正在持续改观，公司在 2001 年 2 月 20 日重申了其财务指引。

公司股价开始稳定在 13 美元至 15 美元左右，但随后在接下来的 2 个月里又跌到了 10 美元。2001 年 5 月 20 日，该公司下调了财务预期，结果股价在两个交易日内迅速下跌 40% 至 6 美元。6 美元的 McLeod，好在它占我们投资组合中的仓位比例很小，但这仍然让我们难以抉择：是加仓、卖出还是继续持有？我们选择了继续持有，因为我们觉得公司仍有机会扭转局面，但我们也不会继续加仓，因为公司的经营和财务风险较高。

郁闷的是，在接下来的 4 个月里，股价进一步坠落，直至每股不到 1 美元。忍无可忍，我们最终在 2001 年 10 月 11 日清算了 McLeod 的所有头寸，平均成本约为 50 美分（见图 7-10）。

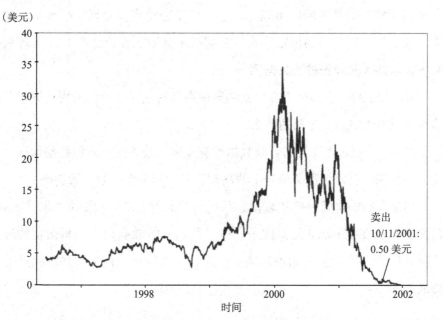

图 7-10　2001 年 10 月 11 日，DGI 卖出 McLeodUSA

资料来源：FactSet。

到底哪里出错了

如果仅仅把这次投资失利的原因归结于 McLeod "令人失望" 的表现，那就太不负责任了。我们哪里出了问题？我们对 McLeod 风险特征的评估是错误的，我们对 McLeod 的营收、经营性现金流和收益的财务预期太乐观，公司业绩变脸的速度也超出了我们的想象。我们最初对其2002年经营性现金流的预测为4.95亿美元，结果证明这个数字高出了55%，因为管理层将其削减到了2.25亿美元。

McLeod的电话业务看起来很稳定，在核心市场25个州中的占有率很高。然而，我们低估了建设全国性数据网络的风险。在此之前，McLeod采取的是谨慎的增长策略，即首先获取客户，然后再增加必要的基础设施支持服务。2000年4月公司完成了对Splitrock的收购，这使得McLeod能够完成其国家数据骨干网的布局，但这有悖于公司步步为营、稳步增长的战略。为了支付其高昂的固定成本，公司被迫让新老客户注册DSLin等数据服务，以加入其最先进的数据网络。

McLeod的中小型企业客户主要集中在农村地区，他们采用数据服务的速度也没有McLeod想象的那么快。

结果，McLeod期望的营收数据没有实现，公司的收入和收益远远低于我们的预期。公司资产负债表上的高额债务加剧了业绩缺口的影响。

如果公司的运营风险比较低，我们通常愿意为之承担更高的财务风险，反之亦然。在McLeod的案例中，由于我们未能准确评估公司面临的运营风险，我们最终承担了两种风险——财务风险和运营风险，并因此遭受了惨痛的损失。

Plexus公司

自从Plexus公司1979年进入这个行业以来，合同制造业经历了巨大的转变。这家总部位于威斯康星州的公司避开了传统的"螺丝+胶水"模式，变成了一家自主定义的"把概念变成现实产品的公司"。Plexus为客户提供产品开发和设计服务、材料采购、采购和供应链管理、原型设计和新产品介绍、测试设备开发、产品配置和物流，以及测试和维修服务，业务范围远远超出了制造业。

该公司独特的制造方式使其利润率达到行业平均水平的 2～3 倍。Plexus 的成功主要归功于管理层，他们追求把公司的业务做到最好，而不是做到最大。迪恩·富蒂（Dean Foate），也是公司的总裁兼首席执行官，有过工程和工程管理的教育经历，在担任首席执行官之前，他已经在公司干了 18 年。他对 Plexus 竞争优势的关注点是如何建立和维护一个高性能的组织和文化。和所有执行团队和董事会成员一样，富蒂必须持有与一年基本工资等值的 Plexus 公司股票。公司的理念鼓励董事会和管理层致力于公司长期发展的商业决策。

在传统意义上，产品的最终组装和运输一直是制造商的工作。像 Plexus 这样的合同制造商可能会参与到新产品的几乎每一个阶段——从设计、工程到最终组装和发货。例如，Plexus 最近与可口可乐合作，设计、开发和制造可口可乐自由式喷泉饮料机，这是一款颠覆市场的新产品，可提供多达 100 种不同品牌的饮料。

合同制造业的主要缺点是遍布全球的工厂和设备网络的维护成本比较昂贵。这些成本往往会压低利润率，降低资本收益率。执行这种商业模式的困难有多大，看看这个行业前四大公司就知道了：Sanmina-SCI、天弘、捷普、伟创力国际，这些公司的营业利润率通常只有 1%～2.8%。但 Plexus 似乎是另一回事。尽管这个行业面临挑战，Plexus 的营业利润率仍然达到了 5% 左右，投资资本回报率达到两位数。其成功主要源于两个核心要素：①公司高度专注于代工领域内中低产量、高复杂度的产品利基市场，这里常常有更高的利润和机会；②公司坚决拒绝达不到目标收益率的盲目增长的机会。以盈利为目的，Plexus 成功地避开了行业一味追求规模增长的陷阱。

我们第一次接触Plexus是在1998年的一次投资会议上。当时，Plexus的营收大概有4亿美元，市值不到3亿美元，是我们小市值投资组合的潜在标的。该公司在早期阶段就把自己与传统以商品为导向、低利润的行业划清了界限。在后来的发展中，Plexus成功地实施了中低产量、高复杂度的制造战略，虽然这部分制造的规模都很小。

买入Plexus

在相关的研究和评估工作完成后，我们在9.50美元的价位买入建仓，这个价位给了我们很大的安全边际。2年后，随着互联网热潮，公司股票大幅上涨到60美元左右，此时完全没有了安全边际。当时，我们选择了卖出大部分Plexus股票，并计划在科技股崩盘尘埃落定后再次造访这家公司。2000年秋，Plexus股价飙升至80美元后见顶，接着便像其他科技股票一样暴跌。

之后市场持续动荡，但Plexus公司继续稳步前进，营收和利润继续增长。2002年年中，当股价跌至20多美元的低点时，我们开始考虑将Plexus纳入我们的中等市值投资组合。现在，公司的收入已经接近10亿美元，成为行业最强大的竞争者之一。2002年6月，富蒂从首席运营官晋升为Plexus的首席执行官，他明确表达了要把Plexus的收入从目前的10亿美元提高到20亿美元的发展战略。公司还将继续专注于自身核心竞争力，为客户设计和制造高复杂度、低产量的产品，同时保持行业领先的利润率和投资资本回报率。

"市场先生"再次为耐心的投资者创造了机会。我们利用格雷厄姆估值公式来确定Plexus的内在价值。由于行业低迷，Plexus的利润率和利润受到周期性的打压。我们用的是9.2亿美元的正常化收入和5%的正常化营业利润率。2002年6月，Plexus的正常化每股收益为1.01美元。我们将格雷厄姆公式中 8.5 + 2G（G = 15%）的计算结果乘以 1.01 美元的正常化每股收益，得出当时的内在价值为 39 美元。

未来 60 美元的内在价值是基于未来 7 年 2.68 美元的预测每股收益和 7% 的永续增长率，应用同样的公式计算得来的。

计算过程如下：

$$（8.5 + 2\times 7）\times \$2.68 = \$60.30（未来内在价值）$$

将这个未来内在价值 60.30 美元与当前 21 美元的股价进行比较，得出 7 年预期复合年收益率为 16.2%。Plexus 的竞争优势以及远远超过 12% 的预期收益率，促使我们在 2002 年 6 月 4 日再次重仓（见图 7-11）。

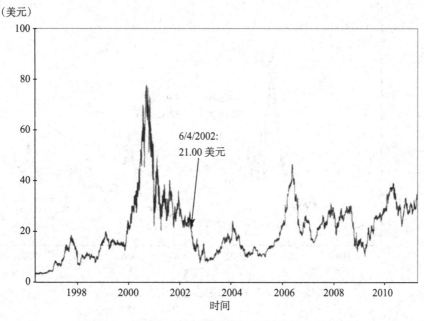

图 7-11　2002 年 6 月 4 日 DGI，买入 Plexus 公司

资料来源：FactSet。

2002 年 7 月下旬，Plexus 发布的季报符合预期，但由于电信和数据网络行业的持续疲软，以及科技股崩盘的影响，公司下调了预期业绩指引。

令人欣慰的是，管理层通过持续削减成本，使公司仍然产生了6600万美元的经营性现金流。新任首席执行官富蒂通过压缩成本和削减高成本区的过剩产能，对公司重新进行了积极的定位，并致力于构建一种更加灵活的生产模式，以进一步增强公司的竞争优势。

然而，市场似乎忽略了公司这些积极的变化，Plexus股价反而继续下跌，好像在回应公司之前下调的业绩指引。利用"市场先生"提供的"时间套利"机会，2002年8月9日，我们增加了Plexus的头寸，平均成本为13.42美元，比我们之前的买入价还低36%（见图7-12）。

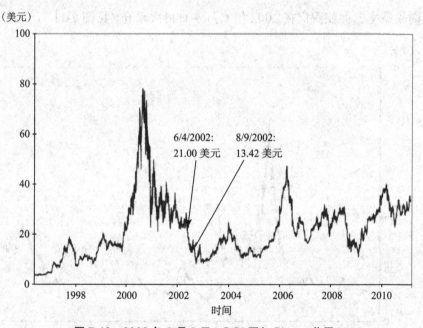

图7-12　2002年8月9日，DGI买入Plexus公司

资料来源：FactSet。

为更好地了解管理层的长期运营计划和财务目标，在接下来的5年里，我们多次到公司现场调研，与管理层见面。一次又一次，我们听到了行业正在经历动荡的信息和公司的应对策略。管理层继续沿着从10亿美元向

20亿美元盈利增长的目标前进。

通过发展新客户,维护老客户,2007年年中,Plexus营收超过了15亿美元。然而,通往盈利增长的道路并不总是一帆风顺。在这段时间里,公司的一个重要客户投奔了一个价格"更便宜"的竞争对手,而Plexus却不屑于和对方开展价格拼杀。来自国防部制造计划的订单数量庞大,但充满变数、高度不可预测,这个计划大大增加了收入,但也增加了公司收入的不确定性,这让华尔街的短期预测分析师头疼不已。一个知名的医疗客户在接受FDA调查的时候,突然停下了一个主打产品的生产。Plexus在美国以外的扩张也是断断续续的。然而,这一切都没有让Plexus放弃自己要成为细分领域全球领导者的目标。

面对这些冲突和短期的不确定性,2007年7月15日,我们还是以22.34美元的平均成本增加了Plexus的头寸(见图7-13)。

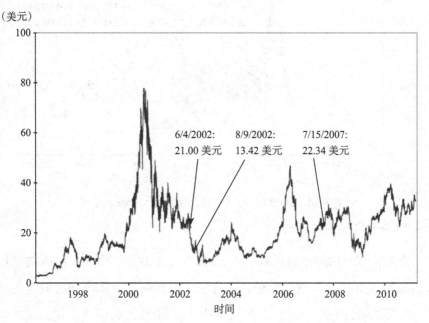

图7-13　2007年7月15日,DGI买入Plexus公司

资料来源:FactSet。

在接下来一年半，金融危机和经济衰退开始成为各大媒体的头条新闻。2008年秋，随着雷曼兄弟和美国国际集团的倒闭，以及商业票据市场的几近崩溃，金融危机陷入最让人悲观的时刻。华尔街分析师对Plexus唯恐避之不及，纷纷下调预期，并放弃了对该公司的推荐，在不到一个月的时间里Plexus的股价下跌了近40%。利用人们对宏观经济环境的担忧所造成的价格疲软，2008年10月7日，我们以16.99美元的平均价格最后一次买入Plexus（见图7-14）。

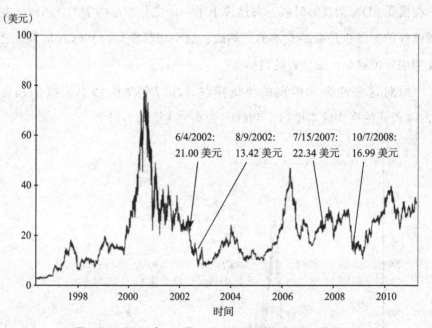

图7-14　2008年10月7日，DGI买入Plexus公司

资料来源：FactSet。

当时，该公司的正常化收入为19亿美元左右，正常化每股收益已经增长到1.79美元。按以前的假设，正常化营业利润率（5%）和每股收益增长率（未来7年为15%，此后为7%）同样代入格雷厄姆估值公式，在7年的预测期内，按这个价位买入Plexus的年预期收益率高达30.1%！

计算过程如下：

$$（8.5+2\times7）\times\$4.76=\$107.10（未来内在价值）$$

将 107 美元的未来内在价值与 17 美元的股票价格相比较，得出未来 7 年复合年预期收益率为 30.1%，这是我们的最低预期收益率 12% 的 2.5 倍！

然而，这并不能阻止其股价在 2009 年 3 月 6 日继续下跌至 11.44 美元的历史低点，大大低于我们过去 6 年多的平均买价！

如图 7.14 所示，2009 年 3 月，Plexus 股价开始强劲反弹，到 2011 年 4 月，股价涨到了 30 美元左右。此时，尽管价格最终远高于我们所有的购买点，但它仍然可以提供 21.6% 的预期年收益率。Plexus 管理层继续专注于维护和增强公司的竞争优势，坚持严格的财务纪律，并创造了行业领先的财务指标，我们认为这对 Plexus 的股东来说是一个好兆头。

美得彼集团

在魅力型 CEO 塞利姆·巴苏勒（Selim Bassoul）的带领下，美得彼集团以全新的方式切入了一个成熟的行业，并实现了快速增长。美得彼集团成立于 1888 年，为商业餐厅与食品加工业生产和销售一系列的烹饪、加热和准备设备。该公司在 20 世纪 80 年代开始崭露头角，当时它推出了一种创新型比萨输送机烤箱，受到达美乐和棒约翰等大型比萨公司的青睐。

1999 年，被任命为首席运营官后，巴苏勒实施了一项激进的战略，包括将公司 1 万件产品中的近一半砍掉剥离，以专注于利润率更高的技术驱动的产品。他还成功策划了一个收购计划，成就了美得彼集团在行业中的领导地位，并将销售额年增长率提高到近 20%。

创造这种增长的不只是收购，该公司还一直在积极推出创新的产品，帮助客户以更低的成本、更快的速度生产更高质量的食品，其目标是让现有的产品每三年迭代一次。通过运用颠覆性的技术，推出革命性新产品，美得彼集团在扩大市场份额的同时，也大幅提升了利润率。

这家位于伊利诺伊州埃尔金市的公司主要生产煎锅、对流烤箱、烤鸡组合烤箱、蒸汽设备、烤架、烤肉机、餐饮设备、烤面包机以及咖啡和饮料调配设备。其主要品牌有 Middleby Marshall、TurboChef、Southbend、Toastmaster、Carter-Hoffmann 和 Blodgett。除了北美地区的销售，美得彼集团还在欧洲、亚洲和中东地区设有分销部门。

我们第一次接触美得彼集团是在 2007 年 2 月的一次投资会议上。当时，这家公司推行改变商业烹饪产业的战略已经取得了成功。而且，当轮到公司做推介时，会场已经坐满，只有站着的地方。在过去的 6 个月里，该公司的股价几乎翻了一番，达到了历史最高水平。公司的首席财务官在会议上表现得很好，思路很清晰，他让在场的投资者明白了公司的竞争优势以及为什么他认为这些优势是可持续的。

一家成长型公司

美得彼集团的大部分品牌产品在其服务的终端市场的市场份额不是第一就是第二，就是这样的一家公司吸引了我们的注意。很明显，推动公司占据领先地位的关键竞争优势是该公司高度聚焦于向行业持续推出颠覆性的新产品。

在竞争激烈的餐饮业，美得彼集团的客户（包括快餐店和全套服务餐厅）正面临越来越大的压力，它们对降低固定或可变成本来维持或提高盈利能力有着迫切的需求。美得彼集团致力于帮助客户实现这一目标，公司向客户提供的新产品更节能，烹饪速度更快，并可通过自动化和自动清洁降低劳动力成本。美得彼集团的客户对设备的投资通常要求：总额控制在其运营预算的 1% 以内,并且回收周期小于 2 年。

一个很好的例子就是新型 Marshall WOW 烤箱。与之前 9 分钟的标准相比,这款比萨传送带烤箱可以在 5 分钟内完成手工比萨的制作,而且比传统的比萨烤箱节省 30%～80% 的能耗。

为服务其主要客户群,该公司在全球的制造和分销布局也给我们留下了深刻的印象。麦当劳、肯德基、达美乐、棒约翰和赛百味等几家最大的客户正在全球扩张,而美得彼集团在国际市场构建的销售、服务和制造能力,可使该公司与其客户群一起成长,并有进一步扩大市场份额的可能。

不出意料,美得彼集团的财务指标领先于行业,营业利润率高达 15%,投资资本回报率 25%,经营性现金流近 8000 万美元,销售额 6 亿美元!离开会议室以后,我们就有一种想要马上拥有美得彼集团股票的冲动,但是考虑到最近股价的飙升,我们决定先把它加到愿望清单,期待"市场先生"将来会给我们一个更好的买点。后面我们继续对这家公司开展了一系列的基础研究。

CEO 巴苏勒造访

2007 年 5 月 30 日,我们有了一个机会在明尼阿波利斯的办公室会见了 Bassoul 先生。他对业务的热情和激情给我们留下了深刻的印象。他最近被《芝加哥太阳时报》评为"芝加哥最有效率的 CEO",对此我们并不感到惊讶,因为作家 Ted Pincus 曾经描述过他对事业"积极的狂热"。他重申了公司将进一步扩大市场份额和保持盈利增长的战略。

在这次会面中,巴苏勒关于公司治理的见解给我们留下了深刻的印象。"当你面试 CEO 时,"他解释道,"最重要的问题是,'你拥有公司超过 1% 的股份吗?'如果答案是否定的,那么就不要投资这家公司。"在我们会面的时候，巴苏勒个人拥有价值2460万美元的美得彼集团股份396 856股（实际股份，不是期权），大约占整个公司的2.3%。这清楚地向我们表明，他和股东们在利益上是一致的。他还阐述了自己关于管理和员工薪酬的理念：根据透明、客观的业绩指标，提供合理的固定工资和可观的浮动奖金机会。巴苏勒的这些观点和当时耳边的音乐一样悦耳。

我们确信，美得彼集团正是我们梦寐以求的标的。在接下来的9个月里，我们继续关注公司的基本进展，并耐心地等待"市场先生"给我们的机会。

等待"市场先生"赐予的机会

2008年5月，在美得彼集团第一季度业绩公布之后，"市场先生"就赐予了一个机会。当期销售和盈利数据偏低，超出了华尔街的预期，结果可想而知。管理层将此归因于宏观经济不确定性导致的终端市场需求疲软。到了当年8月，美得彼集团出现了业绩反弹，公司公布了创纪录的季度营收和利润。但由于市场对宏观经济的担忧还在加剧，其股价的反弹只是昙花一现。

利用这个机会，2008年9月29日，我们以每股52美元的平均成本购买了在美得彼集团的初始头寸（见图7-15）。按照这个价格，我们可以获得19.3%的预期收益率，远远高于12%——我们的最低预期收益率。

对这次投资美得彼集团预期收益率的计算同样也用到了格雷厄姆估值公式。我们首先对当前和未来的内在价值进行估算。当前正常化营业收入为5.3亿美元，正常化营业利润率为20%，由此得出美得彼集团的正常化每股收益为3.67美元。我们认为在接下来的7年里，美得彼集团收入将以12%的速度增长。把格雷厄姆公式 $8.5 + 2G$（$G = 12\%$）乘以正常化每股收益3.67美元，得出当前的内在价值为119美元。

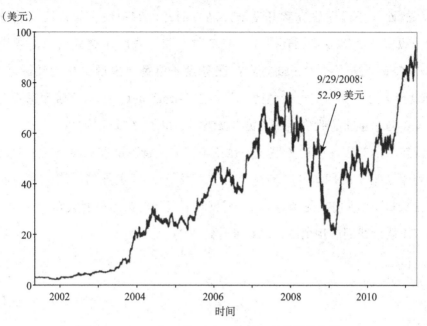

图 7-15　2008 年 9 月 29 日，DGI 买入美得彼集团

资料来源：FactSet。

通过相同的公式，使用第 7 年 8.11 美元的预估每股收益，确定 182 美元的未来 7 年内在价值，这次使用的是 7% 的永续增长率。

估值计算过程如下：

$$(8.5 + 2 \times 7) \times \$8.11 = \$182.48（未来内在价值）$$

将 182 美元的未来内在价值与当时 52 美元的买入价相比较，得出未来 7 年复合年预期收益率为 19.6%。

利用经济衰退带来的机会

在接下来的 3 个月里，宏观经济状况继续恶化，金融机构为美得彼集团客户提供的信贷服务也遭到终止。随着餐馆等终端客户新烹饪设备采购计划的消减，美得彼集团的销售和收益随之放缓。

然而，公司在研究和开发新产品方面却没有放缓，管理层反而继续大力投资。美得彼集团还利用市场疲软之机，收购了速煮技术的领导者TurboChef，速煮技术是商业食品服务设备市场上发展最快的领域之一。2009年1月5日，美得彼集团公告收购TurboChef，收购价格为每股5.10美元，与一年前的股价相比，美得彼集团获得了70%的折扣。

在动荡的市场中逆势继续加强竞争优势，管理层在战略上的努力给我们留下了深刻的印象。2009年1月7日我们以29美元的平均成本增加了美得彼集团的头寸（见图7-16）。根据我们最初的买入模型假设，美得彼集团未来能给我们的预期收益已经攀升到30%以上。

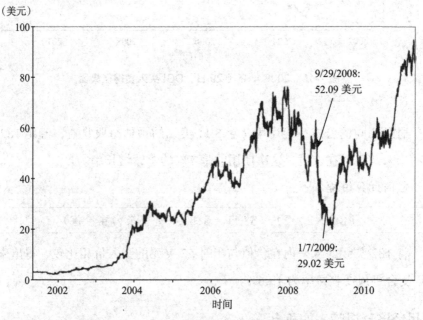

图7-16　2009年1月7日，DGI买入美得彼集团

资料来源：FactSet。

2009年，随着信贷市场复苏，客户端的财政开始慢慢有了起色。像Chipotle和Jason's Deli这样的顾客开始再次扩张门店数量，而类似于

Chili's这样的大客户则计划升级或更换老化的设备。此时，美得彼集团的股价闻到了先机，从21美元的低点大幅反弹到了50美元左右。

2010年，美得彼集团在经济低迷时期为加强其在美国以外的业务而进行的投资开始收到成效。市场复苏，客户在新兴市场开始进行积极的扩张，推动公司国际销售业务增长了25%。当年公司营收接近7亿美元，每股收益接近4美元。这一切都说明，与经济衰退开始时相比，经济复苏时期的美得彼集团已经变得更加强大了。

尽管这家公司还在全速前进，根据我们对其内在价值的评估，以当时的股价计算，美得彼集团仍可以提供20%以上的可观的预期收益率。基于此，在2010年8月9日，我们最后一次买进了美得彼集团，平均成本每股59美元（见图7-17）。

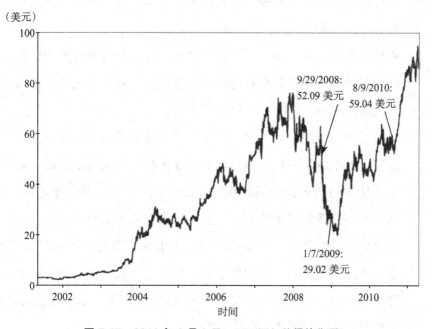

图7-17 2010年8月9日，DGI买入美得彼集团

资料来源：FactSet。

截至 2011 年 4 月，美得彼集团的股价约为每股 90 美元，若此时买入，美得彼集团仍可以给投资者带来远高于 12% 的预期收益率。

不要苛求完美

以上的投资案例能够给我们什么样的启发？至少有四点值得我们借鉴：

1. 成功的投资需要时间和耐心。正如我们在本章的案例中所演示的那样，一只股票，从研究开始到逐步建仓的过程可能需要几年时间。而且，这些投资可能还要再经过几年的时间才能获得回报，就像苹果的情况一样。成功的投资不可能速成。

2. 没有完美的选股系统。即使是华尔街那些最有经验的、配备了最强的计算机和最复杂的股票交易程序的基金经理，也会经常出错。我们也会，大家也一样，没有例外。

3. 要取得成功，你不必每次都做到完美。只要你肯花时间和精力来确保你买的每一只股票都有足够的安全边际，你就会在股票市场上获得长期的成功。

4. 如果遵循本书列出的步骤，你就可以获得更高的成功概率。虽然没有完美的系统，但如果你肯花时间找出那些真正有潜力的、有持续竞争优势的成长型公司，利用格雷厄姆公式对这些公司进行估值，然后耐心地等待"市场先生"给你带来买入的机会，你就有更大的机会成功。只要按照这本书中讨论的原则，经过长期的摸索实践，你一定能够建立一个盈利的牛股投资组合。最后，我们用文斯·隆巴尔迪（Vince Lombardi）的话来结束本章："完美是不可能实现的。但如果我们追求完美，我们就可以做到卓越。"

| 第 8 章 |

少数人的荣耀：
为什么很少有人使用格雷厄姆的原则和方法

美国海军陆战队以其勇敢坚毅的品质特征著称。在战争中，海军陆战队通常作为先锋冲在前面。陆战队员在入伍时就知道自己必须比其他任何一支军队都要更坚强，更刻苦，更敢于冒险。为了成为最优秀的海军陆战队员，他们愿意接受任何严酷的考验。

那些努力成为最佳投资者的人都应该把格雷厄姆的原则和方法作为其投资策略的基础，原因就在于此。与使用其他策略相比，遵循格雷厄姆的原则意味着投资者需要投入更多的精力，坚守更严格的纪律。基金经理利用格雷厄姆的方法，意味着他们的业绩可能会与市场脱节，可能会招致被客户怀疑的风险。但这种方法为所有投资者及其客户创造了最佳的长期投资成功机会。在投资成长股时，如何长期坚持使用格雷厄姆的原则尤其重要。

前面7章，我们详细解释了如何使用格雷厄姆公式进行成功投资，但读者心里一定存在这样的疑问：既然这种方法如此有效，那么为什么没有更多的投资者使用它呢？

或许最重要的一个原因是，很少有投资者知道格雷厄姆成果的这个关键部分：估值公式。尽管它曾经出现在1962年版《证券分析》"成长型股票估值的新方法"一章中，但从那以后它就在读者的视野中消失了。在1988年、1996年和2009年发行的《证券分析》的后续版本中，"成长型股票估值的新方法"一章都被删除了。

作为一名投资经理，我自认为很幸运在职业生涯的早期就看到了这个公式。也许，未来随着格雷厄姆公式重新走进投资人的视野，随着格雷厄姆公式被广泛地传播，格雷厄姆公式的价值和意义也将逐步被广泛认可和接受。

但不管它在未来的传播范围有多广，被接受程度有多高，还是会有很多专业投资人以种种原因对格雷厄姆公式以及格雷厄姆对安全边际的关键论断视而不见。我们将在本章探讨这背后的动机。

> 你在全部弄懂之后又学到的东西才是最有价值的。
>
> ——约翰·伍登

约翰·伍登被称为"维斯特伍德的巫师",他是有史以来最成功的大学篮球教练,他带领加州大学洛杉矶分校赢得的全国冠军比历史上任何其他教练都多。在高中和大学时代,伍登就是学校篮球队的明星,就是在那时,伍登学习并掌握了篮球运动的基础知识。后来,在俄亥俄州和印第安纳州的高中担任教练时,他又进一步加深了对篮球运动的理解。即使在转到加州大学洛杉矶分校之后,伍登还在继续加强他对篮球知识的学习和理解。经过不断的学习和积累,到20世纪20年代,伍登在篮球方面的造诣已经达到了渊博高深的境界。正是伍登在一生中不断地学习和研究,他才能用最简洁的语言把篮球的复杂奥妙之处讲给他的球员。2000年,卡里姆·阿卜杜尔·贾巴尔在《纽约时报》的一篇文章中写道:"他将篮球运动带回到了最开始的样子。"曾经带领加州大学洛杉矶分校夺得三次全国冠军的贾巴尔还补充道:"他总是告诉我们篮球是一项简单的运动,他的天才能力就是化繁为简,让比赛变得更简单。"

在任何行业,要想成为佼佼者,你都需要不断学习,不断尝试新事物,永不自满。"失败不是致命的,但拒绝改变才是。"伍登教练说。

在投资界,并非每个人都能像伍登教练那样专注、敬业。大多数投资人的专业能力往往只是为了满足日常工作要求,他们对扩展知识面或尝试新方法非常麻木、迟钝。当然,专业投资人在战略上的转变和方法上的创新也并不总是能让客户满意,即使那可以帮助客户改善长期回报,这也让他们失去了学习创新的动力。

专业投资人士本应该对其职业及客户保持高于一切的忠诚。但如果这种忠诚被冲淡了,创新就会被扼杀。冲淡这种忠诚的因素往往是因为投资人自己的利益和经营需要。一旦他们越过了界限,站到了客户的对面,他们就不会再为最大化客户的利益而服务了。

经纪人就是要把你的钱花光的人。

——伍迪·艾伦

我们认为金融机构的运营目标主要有三个：

1. 扩大资产规模
2. 促进交易
3. 提高客户资产净值

很不幸的是，提高客户资产净值的目标永远被远远地排在第三位，而且还要服从于前两个目标。**一个想要投资成功的人，必须认识到你是否成功并不是金融机构关心的重点。**经纪人参与交易，机构（包括共同基金）扩大资产规模并在其中尽可能多地从客户那里收取交易费用。客户的最大利益，包括实施可能会提高客户的长期回报的新战略，经常要"让位于"金融机构更优先的事项。

一种常见的误解是，人们认为经纪人、基金经理和投资机构严格执业是为了帮客户赚钱。大部分从业者都是被这个行业的高薪或高额佣金所吸引，虽然他们有高尚的动机，但最后无法让客户满意的结果还是会暴露他们自私的动机。

机构把自己的利益置于客户利益之上的例子，就发生在本书出版前不久。有报道称，就在2008年全球金融危机爆发前的几天里，一些华尔街公司指示其经纪人加大抵押贷款证券的销售力度。它们出售这些证券，并非它们相信这对客户有利。它们之所以这么做，是因为次级贷款市场正在崩溃的边缘，而它们有大量高杠杆的抵押贷款证券需要脱手。在股市触底之前，它们将这些垃圾证券抛售给毫无戒心的客户，只是为了将它们自己的损失降到最低。

2000 年，在高科技公司的股价接近历史高点之时，美林证券公司仍在公开建议购买某些高科技股票，而这些公司早就被美林的技术分析师亨利·布洛吉特否定过了，这里有当时的一些电子邮件可以证明。PBS 网站曾公布了纽约司法部长的调查结果，包括一些特定的电子邮件。举个例子，就在美林给 Excite@Home（ATHM）做出"购买"或"增持"的积极评级的同一天，布洛吉特在一封私人电子邮件中写道："ATHM 是一堆垃圾！"就在美林给互联网资本集团（Internet Capital Group）做出"买入"或"增持"评级的第二天，布洛吉特发了一封私人电子邮件称："这是一场灾难。股市真的没有底部。"为什么美林要公开推荐那些布洛吉特在私下会鄙视的股票？因为这些公司都是美林的投资银行客户，美林不愿意疏远它们。美林这一违反道德的行为，使其客户蒙受了难以统计的投资损失，美林也为此付出了 2 亿美元罚款和其他附带法律责任的代价。

但并不是只有华尔街的机构大佬才会将自身利益置于客户利益之上。20 世纪 80 至 90 年代，在美国中西部地区，Piper Jaffray 正努力发展成美国最大的区域性券商，该机构聚焦的行业有食品、农业和医疗技术。到 1992 年，这家位于明尼阿波利斯的公司已经成为美国第五大证券承销商。

该公司经营的债券类业务在 20 世纪 90 年代初领先全美。该项业务的基金经理沃思·布伦金（Worth Bruntjen）擅长机构性政府收入组合管理，这是一种短期债券共同基金。他通过一套复杂的交易策略，提高了该基金的收益率，吸引了众多投资，使该基金一度壮大到了数十亿美元的规模。

根据 www.fundinguniverse.com 的账户资料，布伦金"试图利用金融衍生工具来提高基金回报，也就是说该基金的收益是与其他金融工具（如货币、大宗商品或债券）的表现挂钩的。这些衍生工具之间相互交织、联系密切、关系复杂，所对应的基础资产的任何意外崩溃都可能引发一场巨大的、滚雪球般的灾难。布伦金却将基金35亿美元资产中的90%投资于这类衍生品（在这个案例中，主要是基于住宅抵押贷款组合成证券的衍生品），而且，在这项投资中他还加了杠杆，这进一步加剧了其自身的风险"。

布伦金的投资策略是基于对利率将继续下降的预期，他认为未来会像过去两年一样。但1994年，利率开始回升，这使得该基金出现了7亿美元的账面损失。

更糟糕的是，Piper Jaffray一直是把这只基金作为保守策略的投资产品销售给风险厌恶型投资者的。最终，Piper Jaffray向投资者支付了超过1亿美元的和解费，并支付了美国证券交易委员会开出的100多万美元的罚单，这对Piper Jaffray是毁灭性的打击。如果Piper Jaffray采取的投资策略是保守的，至少他可以取得与大盘一致的业绩，也就不会如此悲惨了。

通过对其他领先的共同基金公司做法的观察，我们可以看到同样的情景：这些公司的主要目标是扩充资产规模和收取更多佣金，客户的需求永远是被远远地排在第二位。

富达资本在共同基金行业一直名列前茅，管理着500只不同类型的共同基金，资产规模大约1万亿美元。让富达一举成名的基金是麦哲伦基金，管理人是我们熟悉的传奇人物——彼得·林奇。在他的任期内，该基金规模从1977年的1800万美元增长到了1990年的140多亿美元，其间平均年收益率高达29.2%！对任何基金经理来说，这都是一项难以企及的成就。

林奇也是华尔街投资经典《彼得·林奇的成功投资》[⊖]的作者，他独特的投资风格让麦哲伦基金充满了个性化色彩。他的思维和投资风格非常简单、直接，以至于他可以成功获得每个人的认同。而且，与许多同仁不一样的是，他认识到了长期投资的价值。"卖掉你赚钱的，持有亏钱的，"林奇说，"就像把你的鲜花割了，反过来给杂草浇水。"

⊖ 本书中文版机械工业出版社已出版。

到林奇离开，麦哲伦基金的资产已经扩大到 140 多亿美元的规模，拥有 1000 多个股票头寸。而林奇离职以后，该基金的业绩一直平平。根据富达的数据，截至 2011 年 2 月 28 日，麦哲伦基金的 10 年平均年收益率为 1.09%。而同期标准普尔 500 指数的年收益率为 2.62%。该基金的年费用率为 0.75%，这意味着其间基金公司获得了收益的 60%，而投资者却只拿到了 40%。这对我们来说好像不算是一笔什么大生意，而基金公司却以此为生。

近年来，富达开始吹捧其反向基金的业绩。10 年平均收益率为 6.7%，反向基金的表现确实好于麦哲伦基金，但它的费用率也更高，为 0.92%。更高的费用看起来是合理的，直到有人提出了一个问题，我们才开始认识到更高的费用是有问题的。这个问题是：反向基金规模超过 600 亿美元，是麦哲伦基金的 3 倍还多。这个行业的规模经济在哪里？

所有的投资者——无论是机构投资者还是个人投资者，都要小心避免卷入共同基金行业和经纪行业之间的战争。基金希望扩大资产规模，机构经纪人想要交易。如今，我们看到的景象是，共同基金利用费率作为杠杆扩大资产规模，而它们的机构经纪人在继续推动更多的交易。看起来经纪人赢得了这场战争，而且，和往常一样，他们继续以牺牲客户利益为代价获取自己的利益。除了要投资者支付交易费和基金管理团队工资的惯例费用外，许多基金还附加了其他费用，这降低了投资者的总回报。许多基金每年收取 12b-1 费用，这可能使投资者拥有一只基金的总成本增加 0.25 个百分点或更多。12b-1 费用对投资者的业绩毫无贡献，却被严格使用于向其他投资者推广基金，比如在报纸和其他出版物上刊登广告、聘用销售人员、印制招股说明书和其他旨在吸引更多投资者的营销举措。

除了 12b-1 费用外，基金公司每年还会向投资者收取总资产的 0.4% 以支付基金在零售交易平台的上架费用，这些平台有嘉信理财和 TD Ameritrade 等。

你每年应向基金公司支付多少费用？弄清楚这个问题的答案是非常困

难的。基金招募说明书"费用"部分的表述,语言往往晦涩难懂、令人费解。想通过这些艰涩混淆的语句来准确地解读出你将被收取的费用,几乎是不可能的。重要的是,你要认识到,让你变得富有并不是金融公司的工作。它们做生意也是为了赚钱,而它们的利润来自客户支付的费用。作为投资者,很重要的一件事就是弄清楚你的经纪–客户关系的真实成本,并努力将之最小化。毕竟,作为一个投资者,重要的不是我们赚了多少,而是我们能留下多少。

想好了再去做。

——克林特·伊斯特伍德

克林特·伊斯特伍德是我最喜欢的演员之一。他总是很有耐心,喜欢深思熟虑、审时度势,在形势需要时又能够果断行动。如果伊斯特伍德对股票的持仓能像在电影角色里那样充满耐心、深思熟虑,我相信他的投资组合肯定会非常成功。

使用格雷厄姆策略需要忍受漫长的等待期,这是很少有经纪人和投资经理愿意尝试的原因。但事实是,正如本书中所断言的那样,买入并持有的策略可以创造优秀的长期超额收益机会。

然而,在以交易驱动的投资业,耐心并不是一种美德。采取买入并持有、耐心等待最佳投资时机的方式与投资机构的制度设计相矛盾,对于机构来说,不交易是件坏事情。如果你不做任何交易,客户会认为你没有在为他们工作。他们也想知道:"我为什么要为你的无所事事而付钱呢?"

事实上,对以交易为基础的经纪人来说,这种对交易的呼声就像音乐一样悦耳。如果他们不倒腾,他们就赚不到钱。交易是他们生意的命脉。为了谋生,他们需要为客户进行交易,他们公司的命运甚至也取决于交易。没有交易,这些公司就会破产。然而,对经纪人有好处的不一定对你有好处。正如欧内斯特·海明威所建议的那样，我们要"追求有效率的行动"。你经纪账户的任何活动都可能无益于你的长期收益。事实上，它大概率还会拖你的后腿。

我们公司通过机构经纪人进行交易。这些经纪人一般都非常聪明，非常有激情，说话也总是头头是道。他们总是不断向我们这样的投资公司推销股票，交易最多的顾问往往会获得非常诱人的激励。如果你得到了机构经纪人的青睐，那么你就会受到很多礼遇，没有你不能去的高尔夫球场，没有你不能参加的球赛或音乐会，没有你不能去的旅行线路。你不必让他们见你的家人，他们就早早为她们准备好了各种各样的礼物，包括孩子们的礼包、配偶的温泉，还有全家异国风情度假游。当你明白积极的交易策略带来的好处时，你就会很容易理解为什么那些投资经理更喜欢积极的交易策略，而不是买入并长期持有的策略。

具有讽刺意味的是，即使是以交易为生的零售和机构经纪人也能从格雷厄姆的方法中受益。格雷厄姆公式可以帮助他们发现被低估的可买股票，确定投资组合中股价可能会远远高于其内在价值的股票并因此将其卖出。我们坚信，对成长型公司"买入并持有"策略长期坚持的效果最佳。如果你采用频繁的交易策略，那么使用格雷厄姆估值公式会让你对股票价格有一个很好的理解，这有助于你获得更好的回报。

需要提醒的是，散户和机构经纪人在使用格雷厄姆的方法时，可能会发现自己与公司推荐的股票名单相冲突。使用格雷厄姆方法的投资者可以更加自信地从经纪人的建议中摆脱出来，进而解放自己。

他没特意做过什么事情，可做得也很不错。

——W. S. 吉尔伯特

套用巴菲特的话说，许多投资者，即使不是大多数，他们往往"宁愿躺在舒服的地方失败也不愿成功"。而且，很奇怪的是，他们这样做总是有很充分的理由。

塞斯·卡拉曼在其《安全边际：理性投资者的风险规避策略》(*Margin of Safety: Risk Averse Investing Strategies for the Thoughtful Investor*)一书中，他简明扼要地指出了这个问题："在根据公司的基本面做出长期投资决策时，个人和机构投资者经常表现得无能为力。其中的原因有很多，包括业绩压力、华尔街的薪酬结构、金融市场的狂热氛围。结果就是，投资者常常在无意中陷入了一场场短期业绩竞赛，暂时的价格波动成了他们关注的焦点。

机构常常满足于平庸，因为它们认为这样可以帮助它们留住客户。留住客户就意味着佣金和收入，而佣金收入又意味着机构经营的成功。只要机构的投资业绩符合总体市场趋势，它们就可以向客户证明自己的业绩，而客户的投资组合的业绩是上升还是下降都无所谓。如果股市下跌了20%，他们的投资组合也下跌了20%，那么机构就可以以组合表现符合市场平均水平来为自己的失败辩解。但是一名采用长期投资策略的投资经理的业绩并不总是能反映整体市场的平均水平。当他的投资组合未能跟上市场趋势时，他就更难以证明自己的策略是正确的。

在这个行业，如果你想要特立独行，你最好证明自己是对的。如果你与众不同，又做对了，那你就是英雄。你与众不同，但你做错了，你就是一个失败者、一个傻瓜。虽然长期看是正确的，但短期内的错误常常会对投资者构成挑战。当你的业绩落后于市场时，客户的审查和疑虑就会增加。他们想知道你在做什么，为什么要做，又为什么不做。为了避免这种尴尬的局面，大多数人都倾向于采用平庸的策略，而非理智的风险投资策略。

机构投资者倾向于平庸还有一个不那么讨喜的原因：它们主要的机构客户都喜欢这种平庸的方式，401（k）计划就是一个最好的例子。大多数雇主倾向于为员工提供多种共同基金的选择。为吸引更多的401（k）计划参与者，基金公司精心设计了多种产品。最新的噱头是"目标日期基金"，对这类基金，投资者只需选择一个计划退休的日期就可以了，然后，随着投资者退休年龄的临近，他就会看到基金自动调整其资产组合。还有什么比这更简单的呢？

然而，整个过程缺失了两个关键数据：基金经理的预期业绩如何？管理费用是多少？这可比员工退休日期的选择要重要得多。

给基金标上目标日期等噱头，基金经理就可以弱化、掩盖自己的业绩和费用，这虽然不符合客户的最佳利益，但机构就喜欢这样的做法。或者正如著名编剧达蒙·鲁尼恩曾经说过的那样："赛跑未必快者赢，打仗未必强者胜。但赌徒就喜欢这样。"我们自己的公司一直采用有纪律的买入并持有的策略，这种策略的结果并不总是与市场的波动相一致。当我们的业绩超过市场平均水平时，我们就很少听到客户说话，他们很喜欢打败市场的感觉。但我们的方法有可能会在相当长的一段时间内落后于市场平均水平。

当我们的投资组合落后于市场时，我们总是会接到一些客户的电话以确认我们是否失联。我们发现自己总是要向他们解释，我们一直恪守与长期投资相适应的严格纪律，但这可能会导致我们在市场周期内某些时期的收益率低于市场平均水平。我们必须不断地向他们保证，这种短期的表现对长期而言只有很少或没有影响，我们期望我们的策略在长期内能够为投资者提供非凡的回报，就像过去30年一样。

在管理客户资产的30多年里，我们只经历过一段黑暗的时期，就是在那段短短的时间里，我们的能力受到了质疑，客户也远离我们而去。那是在1999年年末和2000年的大部分时间里，对我们的一些客户来说，我们的投资组合增长得不够快。但留下来的客户都和我们建立了更牢固的长期关系。在经历了2008年年底和2009年年初的市场低迷后，这些长期关系的力量带来了巨大的回报。

与客户沟通，并在市场低迷时安抚客户，这些都是我们的工作。我们也愿意继续这样做，因为我们对我们正在做的充满信心，我们坚信我们的做法严格遵循了格雷厄姆的原则和方法，包括对安全边际的控制，从长期来看也都符合客户利益最大化的原则。

市场低迷时，许多个人投资者与机构的基金经理面临许多相同的压力。当你的投资表现不佳时，配偶会给你施加压力。当家庭储蓄下降25%的时候，即使是最通情达理的配偶也难免会表现出一些担忧。在投资建议方面，亲戚的意见可能一样很差，甚至更差。他们还经常带来糟糕的婚姻建议。想想看有多少父亲会告诉他们的孩子，投资股票就是赌博？股市是一个被操纵的市场，个人投资者搞不赢的？当他们的股票随着市场下跌时，又有多少家庭的孩子被迫成了出气筒？这时你勇于坚持信念就很重要了，当市场对你不利时，你仍然坚持你的长期投资策略和格雷厄姆的原则。正如鲁德亚德·吉卜林所写："如果你能在周围的人都失去理智的时候保持头脑清醒……那么你将赢得一切。"

为客户创造价值，而不只是拥抱指数

机构投资者"融入"市场的必要性有时被称为"指数拥抱"或"基准拥抱"。这种专门为反映市场平均水平而设计的投资策略，受到了基金经理们的欢迎。如果他们能达到平均水平，就能够保住他们的工作和收入。

为了证明自己的收费是合理的（与管理基金相比，真实指数基金的年费更低），指数拥抱者们把自己包装成业绩型基金经理，但他们的策略与指数基金策略非常相似。他们构建的投资组合基本上与指数的配置相同，因此他们的基金与指数基金基本同步波动。至于客户赚钱或亏钱，都是无关紧要的了。

不幸的是，拥抱指数并不能减少客户的风险。在10年的时间里，如果市场产生名义收益，与指数挂钩的客户也就只能获得名义收益（还要减去投资管理费)。基金经理面临的风险与客户面临的风险不同。客户面临的风险是他们资产的缩水,基金经理面临的风险则是保不住工作。如果基金经理能够通过拥抱指数来弥补自己的风险,那么,与客户资产面临的风险相比,她肯定会优先考虑自己的利益。通过对市场进行镜像复制,或者与指数挂钩,就能与市场保持一致,只要你愿意,你就能保住这份工作。

双光眼镜或双筒望远镜

机构每3个月对基金经理的业绩进行一次打分评级,其目的是让基金经理遵守并执行统一的短期投资策略,但这最终损害了客户的长期回报。

季度回顾的做法违背了格雷厄姆方法论中的人性要素——耐心、勇气和远见。如果没有魔法,3个月的时间没有特别的意义。在投资者的一生中,3个月也毫无意义。这只是机构因为它们审查工作的需要而武断地制定的时间框架。实际上这对于客户的利益最大化一点好处也没有,因为它在客观上扼杀了理性、系统的长期投资策略的使用。

在我们公司,许多客户希望我们发布季度报告,但季度业绩并不是我们投资决策的基础。如果上个季度业绩不错,我们会非常谨慎地做出下一个投资决定。如果上个季度业绩不好,我们也会非常谨慎地做出下一个投资决定。上个季度业绩好还是不好,对我们来说都一样要谨慎决策。

坐上火车,兴奋至极。

——GRATEFUL DEAD(感恩而死乐队)

多巴胺是在人体内自然产生的一种化学物质,它以多种方式影响大脑的功能。它通常与大脑的愉悦系统相关,并在进食和性的愉悦经历中自然释放。它还与可卡因的使用有关。可卡因就是一种多巴胺转运体的阻断剂,它会使大脑的某些部分产生过量的多巴胺,导致情绪亢奋。

一些专家认为，股市的波动对大脑的影响与可卡因的作用类似，它可以激发我们的情感波动，降低我们理性决策的能力。

每当市场上行，我们的股票价格上涨，大脑的快感系统就会被激活。这时，我们会想要更多！在牛市期间，投资者倾向于通过投资股票来寻求更多的乐趣，即使这些股票的交易价格更高也无所谓。

在熊市中，当账户市值每天或每周都在下跌时，多巴胺就会冒出来对大脑产生相反的影响。它会在大脑中引发一种战斗或逃跑反应，迫使我们在股市一步步下跌时抛售股票。

尽管这些行为是大脑的自然反应，但它确实会对我们的投资造成负面影响。

与"低买高卖"相反，我们对市场波动的自然反应是在市场上涨时买，在市场下跌时卖。当市场创下新高或跌至新低时，如果投资者无法控制自己的生理反应，就有可能会对我们的长期业绩产生不利影响。

所有的投资者，包括专业人士和个人投资者，都会受到以上因素的影响。在动荡时期，如果你无法恪守纪律，并保持头脑冷静，你就没有办法将格雷厄姆的方法为自己所用。我们同情那些致力于成为专业投资经理的人，他们总是在可卡因式的兴奋和战斗或逃跑的恐惧之间摇摆不定。但对那些自称是专业投资者又不用格雷厄姆的原则和方法来应对股市引发的生理反应的人，我们就不会同情了。

个人投资者需要以不同的方式应对这些挑战。一方面，他们没有专业人士所拥有的资源，他们必须谨慎地掌控自己仅有的资源。另一方面，他们不必为募资或交易而费心。他们可以灵活运用格雷厄姆的原则和方法，而不用承受专业基金经理面临的约束和压力。

年龄越大，余生越少，我却变得越来越有耐心。

——弗雷德里克·马丁

当你选择使用格雷厄姆公式作为核心投资策略时，你就选择了一种需要耐心的投资方法。典型的投资者或投资专家可能不会花时间和精力来应用格雷厄姆的原则。更重要的是，他可能本身也没有这种气质去追求并坚守一个穿越牛熊的投资策略。

具有讽刺意味的是，年轻人有很多时间，但却没有耐心。在华尔街工作的节奏和激情经常让人失去耐心。华尔街典型的专业人士往往都很年轻，而且能够很快变富。这些人习惯了赚快钱，更喜欢高换手率。他们不适合长期投资，他们不会以年、数十年或一生的角度来思考，这是长期投资者关心的事。他们的目标是在一个月、一个星期甚至一天之内就要完成一件事。对他们来说，"长期"就像是外星人的概念。

对于那些不愿在投资实践中勤奋工作的人来说，应用格雷厄姆的方法对他们来说可能会是一种折磨。如果他们不喜欢钻研 10-K 报告、分析资产负债表和现金流量表，并据此做出谨慎的预测，他们可能就无法有效地实践格雷厄姆的策略。

许多投资者更喜欢"故事股"。故事股，顾名思义，就是那些背后有引人入胜的故事，能够点燃投资人热情的股票。这个故事也许是公司正在开发下一个伟大的关节炎药物，也许是它正在开发下一个宏大的零售概念，又也许是它又找到了一个更好的流量入口。相对于故事来说，股票的实际价值已经无关紧要了。如果有一个好故事传到了华尔街，投资者通常会把这只股票加入他们的投资组合，看看会发生什么。

投资者的不安分会反映在他们投资组合的换手率这一指标上——它通常每年超过 100%。他们是在交易，根本不是在做投资。如果一个投资组合经理的投资组合年换手率超过 100%，那么其投资组合中股票的平均持有时间为 1 年或更短。事实上，一些共同基金每年有 200% 的换手率，导致平均持股时间不超过 6 个月。如果你是一个共同基金经理，管理的基金拥有

100 只股票，而你的投资组合年换手率超过 100%，就说明你这 100 只股票每年都要换一遍。这意味着你需要每 3 个工作日找到一只新股票。

一些共同基金经理可能会对我们的观点做出辩解，说他们是在"围绕头寸进行交易"。当股价上涨时，他们会"少拿一些钱"，而当股价下跌时，他们又会把钱加回来。这样说来，他们一年好像真不需要重新选择 100 个新标的。但无论如何，如此高的换手率都会让基金经理、交易部门和支持人员筋疲力尽，而且没有证据表明，这样的交易策略可以在实际上提高基金的业绩。事实上，我们认为，在保持每年 100% 换手率的同时，要保证为每一项投资都能留出合理的安全边际，这是不可能的。

如果你想击中目标，那就先去练习靶场

证券公司还有另一个嗜好，它们喜欢说服客户让账户流动起来，它们的策略是为股票设定目标价格。当它们发布股票推荐建议时，会给出目标价格，建议在这个价格买入，在那个价格卖出。一旦客户拥有了一只股票，他应该持有至涨到目标价格后卖掉它。这是投资行业的普遍做法，但你可能不明白的是，无论是股票本身还是股票价格都不是券商的真正的目标。它们真正的目标是让不知情的客户，根据它们不负责任的目标价格买卖这些股票。

这些目标价格没有什么魔法，也没有什么特别的意义，当股票达到目标价格时，也没有什么真正的理由卖出。没有证据表明，以"目标价格"卖出一只股票，然后再买入另一只股票能够帮助提高收益率。事实上恰恰相反，大量的研究已经表明了这一点。这就是为什么我们提倡买入并长期持有。

投资机构的分析师通常会按工作要求对他们推荐的每只股票设定一个目标卖出价格。然而，这并不意味着股票不会继续走高，或者这只股票不能再属于你的投资组合。这只是一个任意的价格，分析师按工作要求设定

这个价格，纯粹是为了说服客户卖出他们的股票。

目标价格的真正的作用是阻止投资者长期持有。投资者并不关注股票，也不关注股票的价值，她只关注经纪人让她卖出的目标价格。目标价格的实质目的是让投资者与股票对应的公司分离。她是在租股票，而不是在买股票、建仓于伟大的公司——这些伟大的公司本来可以给她带来巨大的长期收益。

金钱之外，只有一种东西是我的最爱……那就是别人的钱。

——丹尼·德维托《金钱太保》

电影《金钱太保》于1991年上映，那是卡尔·伊坎活跃的年代，他以强行接管公司、拆分公司并将其分拆出售而臭名昭著。对卡尔·伊坎这样的"企业掠夺者"，大小公司都躲之不及。在电影中，丹尼·德维托扮演清算人莱瑞，一个小型企业掠夺者，他为自己分拆并购企业的做法找到了合理的解释。他说："被人称为'清算人莱瑞'我很得意。各位股东，你们知道为什么吗？在我的葬礼上，你将面带微笑，因为，我，莱瑞至少可以让你拿到一些钱离开。"

金融机构都是用别人的钱开展业务的。它们将其称为"OPM"，并将其进行了艺术般地升华。OPM有多种形式：费用、佣金、债券发行、公开发行和风险投资等。在大多数情况下，参与的投资者都是不明真相的群众。他们只知道把自己的钱委托给投资公司，用以换取服务或投资机会，以使他们的投资获得一个合理的回报。但是一些投资机构经常越界，做一些有悖于客户的交易，以通过OPM赚到更多的钱。

最常见的做法被称为"扒头交易（front running）"，即在为客户执行同一交易之前买入或卖出股票的行为。换句话说，如果客户下了购买某只股票的大宗订单，经纪人就会在客户下订单之前下同一只股票的订单。一旦公司启动回购，它就会把客户的订单价格放在稍高的价位上，然后立即抛售自己的股票以获取利润。经纪人抛售股票的行为通常会将股票价格压低到原价，这就会使客户在交易中蒙受即时损失。

这种经历我们已经有很多次了。当我们下了一个大宗订单时，就看到股票的价格立刻上涨了1美元，那是因为我们的经纪人在进行扒头交易。当看到我们购买的股票出现突然上涨时，我们通常会取消订单，然后看着价格回落到原来的水平。现在我们学聪明了，当我们大量买进某只股票时，最好的办法是通过分散购买、不同时间、少量的订单的形式来掩盖我们的交易，这样我们的订单就不会触发这种非法预先交易。尽管扒头交易已被禁止，但我们仍会不时听到有投资机构利用各种创造性的方式抢先进行交易。正如清算人莱瑞所说："你可以改变所有你想要的法律，但是你不能停止比赛。我还是会在这里，我已经适应了。"

我太蠢了，我怎么会相信那些专家呢？
——约翰·肯尼迪

1961年4月，约翰·F.肯尼迪就任总统不久，他就下令入侵古巴，企图从菲德尔·卡斯特罗手中夺取对这个岛国的控制权。这场代号为"猪湾"的入侵最后却演变成了一场巨大的灾难，数十人死亡，一千多美军被古巴俘虏，成为美国历史上羞耻的败局。

这次失败被普遍认为是肯尼迪总统上任伊始最大的败笔。他的错误是什么？他把"专家"的话当真了，而实际上，那些专家的想法真的是很天真。他们以为入侵古巴不过是小菜一碟，不会遇到什么抵抗。但事实上，古巴军队训练有素，并做好了消灭、击败入侵部队的准备。

个人投资者一直都很相信专家并把他们的钱交给这些经纪人或职业基金经理。事实已经多次证明，华尔街是不可信的。但如果华尔街都不可信，他们应该相信谁呢？大多数投资者都会认为他们没有别的选择了。

不是没有选择。投资者可以通过应用本书中列举的策略及格雷厄姆的《聪明的投资者》的智慧来武装自己。

白忙也是有价值的

使用格雷厄姆的原则和方法需要付出大量的努力。我们往往会花上几周或几个月的时间来评估一只股票，为它建立一个7年的价格预测。在做出购买决定之前，我们还要花上更多的时间来跟踪这只股票。事实上，在很多情况下，我们最终可能会决定不买这只股票了。有时，在我们准备下手之前，价格可能已经涨上去了；有时，当评估一家公司的时候，我们可能发现了一个让我们放弃的危险信号。

如果你打算用格雷厄姆公式来评估股票，那你就要有一些心理准备——有些工作注定将无果而终。你会通过研究发现一些你永远都不会买的股票，这就是白费力气的价值——既要确定你想以满意的价格买入的股票，还要确定你可能永远都不想要买的股票。

要成功地运用格雷厄姆公式，你必须要付出大量的时间和精力在发现并排除那些永远不会进入你投资组合的股票上。知道该买什么公司，不该买什么公司，这对任何一位致力于取得长期成功的投资者来说至关重要。

我们希望通过本书说明这个公式，并向投资者解释如何使用它来建立一个成功的投资组合。但我们也知道并不是每个投资者都愿意花时间和精力遵循这一策略。

商业的秘密在于你知道别人不知道的事情。

——亚里士多德·奥纳西斯

亚里士多德·奥纳西斯是希腊著名的航运巨头，也是奥林匹克航空公司的创始人。凭借对多个行业敏锐的商业触觉，在1975年去世前，他已是世界首富。

奥纳西斯对商业和成功有很多深刻的见解与论断。奥纳西斯会说多种语言，我们假设这里的引用表述可以准确地表达本意。例如，这里我们用"知道"这个词，而不是"相信"。《牛津美语词典》将"相信"定义为"认为是正确的或认为是事实真理"，将"知道"定义为"由经验、学习或认知形成人的记忆并在大脑中保存"。

一个人获得投资成功的过程，就是将信念转化为知识的过程。如果你的信念导致了失败，那它就必须被修正或抛弃。只有不断遵循自己的信念，才能让自己的知识不断增长。

大多数投资者已经"相信"长期持有股票是获得平均或更高回报的最佳策略。但我怀疑大多数投资者并不"知道"如何长期持股。有一点是大多数投资者所不了解的：投资者的利润超过成本的50%到100%的时候，往往是持有股票最困难的时候。原因是对他的购买价格来说没有足够的缓冲。即使在正常的市场调整中，他也很容易失去利润。如果一个投资者以每股10美元的价格购买了一只股票，后来涨到了每股20美元，但如果股票下跌，投资者就没有多少利润缓冲。

我们是怎么知道的？这里有一个花钱买来的教训。对戴尔电脑的投资经历对我们来说是一个不幸，它给了我们上了极其昂贵的一课。20世纪90年代初和90年代中期，我们持有戴尔电脑股票。虽然没有找到这笔交易的所有细节，但我仍然清晰地记得关键决策时点发生的事情，就像昨天刚发生一样。那段记忆很痛苦，却很有启发意义。

1991年，迈克尔·戴尔来到明尼阿波利斯与一群投资者交谈。戴尔先生当时25岁，显得非常成熟老练。他站起来向我们解释戴尔的直销模式，这对我来说是个"灵光一现"的时刻。会议结束后，我找到戴尔先生。我的问题是这样的:"戴尔先生,您的方式是直销,而康柏通过经销商渠道销售,在以比康柏便宜25%的价格销售的同时,您还能有较高的利润率吗?"他说是的。

回到办公室,我看了戴尔的财务状况,该公司资产负债表还不错,市盈率约为10倍。于是我开始建立股票头寸,这看起来好像很容易。

大约2年后,我卖掉了股票,赚了200%的利润,当时该公司出现了质量问题,又撤回了可转换债券的发行。我当时的反应是这家公司前面的连续成功可能就要结束了。于是我决定卖出,留住利润。

然而,情况变得越来越糟。在售出这只股票之后,康柏正吵着要改变与英特尔的供应商关系。英特尔是个人电脑微处理器的主要供应商。我认为康柏在战略上是一个长期的失败者。戴尔的股票在我出售后大幅下跌,这让我感觉很好。

尽管康柏占据了各大媒体的头条,华尔街也喜欢推荐康柏而非戴尔,但戴尔的直销模式仍然是一个巨大的竞争优势,公司的估值仍然具有吸引力。好马不吃回头草,可惜,我再也没有买回这只股票。

我卖出的决定好吗?我真想让你来做这个决定。直到1994年年底,戴尔股票的交易价格还不到每股50美分(见图8-1)。1995年,戴尔的股价开始一路攀升,并在2000年达到顶峰,达到每股50美元以上,至少上涨了100倍(见图8-2)。

现在回头看,这个教训的代价实在是太高了。

当你看到戴尔给我们的昂贵教训时,也许你就能理解,在股票小幅升值的情况下继续持有股票是多么困难。

未来,也许我们还会犯错,但我们希望这些错误的教训和成功的经验能够帮助我们将信念转化为知识。当然,我希望这样的"学费"不要像戴尔那样昂贵。

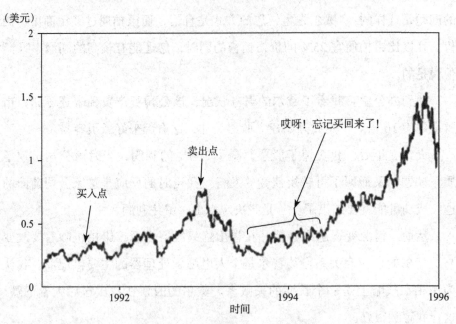

图 8-1　1991～1995 年，戴尔电脑

资料来源：FactSet。

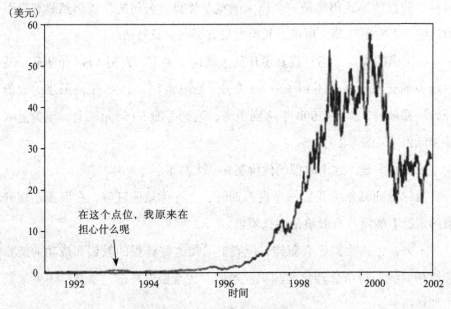

图 8-2　1991～2001 年，戴尔电脑

资料来源：FactSet。

| 第 9 章 |

如何从这本书中学到最多

光了解是不够的,重要的是学以致用。只有梦想是不够的,重要的是落实行动。

——约翰·冯·歌德

这本书为如何成功投资成长股制定了一个全面而细致的策略。你可能无法将本书详述的每一个概念都应用到你买的每一只股票上，但如果你能把本书中最重要的三个关键思想应用到你自己的投资过程中，你就将远远领先于绝大多数投资者。这三个关键思想是什么呢？

1. 安全边际。1976年，在接受《金融分析师杂志》采访时，格雷厄姆被问到他认为投资最重要的原则是什么。他提出的第一条原则是，要确保买入的每一只股票都有安全边际。"他（投资者）应该能够证明其所做的每一笔交易都是合理的，"格雷厄姆说，"他支付的每一个价格都经过了客观、理性的判断，他确信他买的东西比他所付金钱的价值要高。换句话说，以价值计算，他有一个安全边际来保护他的投资。"

2. 市场先生。"市场先生"是整个股票市场投资者的化身，他每天都会出现，而且愿意买卖任何公司任意数量的股票。股价有时高得离谱，有时又低得离谱。正是"市场先生"变幻无常的本性，让精明的投资者有机会买入那些价格远低于其内在价值的股票。正如沃伦·巴菲特1984年在《哥伦比亚商学院杂志》上发表的一篇文章中所说："我相信，市场很多时候是低效的。当股票价格受到华尔街'羊群'的影响时，最情绪化、最贪婪、最抑郁的人会把价格推向两个极端，要么极高，要么极低，很难说市场价格总是理性的。事实上，市场价格往往是荒谬的。"对于机警的投资者来说，每个交易日，"市场先生"都会把那些极端的价格送上门来。

3. 复利的力量。爱因斯坦和其他很多人都对复利的力量惊叹不已，它被称为"宇宙中最强大的力量"。在人的一生中，通过复利的力量，一个百分点也可以价值百万。这就是为什么投资者要在每一项投资中尽可能多争取每一个可能的百分点的原因。

本章旨在围绕格雷厄姆的原则，提出投资方法和理论，希望能够在投资过程中给投资者以指导。无论你是投资专业的学生、个人投资者，还是专业的基金经理，你都可以通过学习来提高你的个人投资能力。如果想了解更多格雷厄姆的投资策略，我们建议你读一读他的两部经典著作：《聪明的投资者》和《证券分析》。还有《巴菲特致股东的信：股份公司教程》。如果对成长型股票感兴趣，推荐本书和复利表。

对于学生

也许同学们可以从这本书中学到的最重要的一课，是投资于成长型公司的力量以及耐心在人生成功投资中的重要性。当你开始投资、建立自己的投资组合时，本书可以作为一个重要的参考资料，它可以指导你如何将格雷厄姆原则应用于成长型股票的投资。

对于个人投资者

首先，这本书的目的在于帮助投资者在一个充满噪声和危险的金融投资环境中实现投资成功。

格雷厄姆一直相信，个人投资者比专业机构更有机会在股市取得成功。"普通投资者比大型机构有更大的优势，"格雷厄姆在接受《金融分析师杂志》采访时解释说，"这主要是因为这些机构对普通股的选择面相对较小，仅限于300至400家大型企业，它们的研究和决策或多或少被限制在这个早已被过度分析的股票组里了。相比之下，大多数投资者却可以在标准普尔月度股票指南的近3000只股票中任意选择。无论用什么样的方法或技巧，个人投资者总能在任何时候找到至少1%——即30只或30只以上的买入机会。"

个人投资者在选股方面更有优势，而且其长期持股的可能性还有助于提高长期业绩表现。设立并坚持最低预期收益率，有助于为每一笔交易确定一个合理的价格。对所分析的每一只股票坚持开展尽职调查，对每一次的买入都坚持留有足够的安全边际，这将帮助你减少踩雷的概率，并最终使你的业绩卓越超群。

长期来看，成长型公司将会带来更高的预期收益，本书前面列举的案例已经证明了这一点。对个人投资者而言，长期持股对其税后收益的影响可能是巨大的。许多个人投资者已经通过共同基金持有股票。对于这些投资者，我们建议你们将这些基金换成管理费用较低的标准普尔500指数基金。后面，当你们能够发现一些不错的股票投资机会时，就可以再将自己的投资资产从共同基金转移到个股投资上。

一个人应该持有多少股票？你应该只持有那些你能计算出足够安全边际的股票。很多时候，四五只股票比较合适。你可能有75%的投资在标准普尔500指数基金，剩下的25%投资于少数个股。随着时间的推移，那些勤奋的投资者可能会将其投资组合中个股的比例逐步增加，因为他们发现了更多拥有持续增长潜力和满意安全边际的股票。

如果你想选择一个在投资上可以帮助你的股票经纪人，我们建议你在面试时问以下几个问题：

1. 你（经纪人）是如何计算安全边际的？
2. 你如何看待"市场先生"？
3. 你的投资期限一般是多久？
4. 你的年度投资组合换手率是多少？

这些问题可以有很多可以接受的答案。但最糟糕的答案是"嗯？"或者"你在说什么？"

年度投资组合换手率是一个比较关键的指标。它等于买入和卖出的市场价值之和除以 2，然后再除以投资组合的市场价值。如果一个价值 10 万美元的投资组合有 10 万美元的买入和 10 万美元的卖出记录，那么这个投资组合的换手率就是 100%。

年度投资组合换手率可以说明一个经纪人的实际投资周期。如果他的换手率是 100%，那么他的投资周期就是 1 年。如果他的换手率是 50%，那么他的投资期限就是 2 年。

如果你找的投资经理是按资产管理规模百分比来收费的（而不是基于佣金），我们建议你再增加两个问题：

1. 你们的客户留存率是多少？
2. 你们的员工流动率是多少？

客户和员工的流动率与年度投资组合换手率类似。失去客户再去招揽新客户的代价是高昂的，流失员工也是如此。这里的流动率指标可以告诉你公司经理如何对待客户和员工等很多相关的信息。

对于投资专业人士

机构基金经理、对冲基金经理、共同基金经理和其他专业投资者能从本书中学到什么？

我们的建议分成两种。第一种专业投资者可能更喜欢，但又并不重要；第二种会有一些不同，建议所有专业投资者都应该牢记。我们所在的行业在客户利益保护方面做得很差，我们必须做得更好。

在这本书中，我们试图通过本书厘清成长型公司和股票以及价值型公司和股票之间的区别。欢迎更多的专业投资者一起来阐述自己对股票的理解。

我们鼓励专业投资者，在准备介入公司成长带来的机会时，通过本书来提高他们的专业水平。我们希望我们的读者已经认识到了格雷厄姆的原则和方法与成长型公司投资相结合的威力。

我们鼓励专业投资者使用本书中的格雷厄姆公式来简化他们的决策过程。我们感觉到，太多的投资经理已经沦为"数学能力强的人更适合投资"偏见的牺牲品。我们的观点不太一样，我们认为，数学水平高常常意味着一定程度的精确性，而精确性在现实投资中是不存在的。

除了简化流程外，我们还鼓励专业人士设定一个固定的、公开的最低预期收益率，并把这个指标告诉自己的客户。然后，根据相对于最低预期收益率的表现给自己评级。

我们在书中讨论了许多主题，希望投资专业人士能够了然于心。这个行业在客户利益保护方面的记录做得很差劲。我们是受托资产管理人，我们的工作应该按相应的专业原则开展。

我建议专业投资经理延长持股的时间，当然，这会有些挑战。股票本应长期投资。令人遗憾的是，我们看到一个接一个的共同基金投资组合的年度换手率在100%或以上。这哪里是投资！我们向所有的同行发出倡议：持有股票，而不是短租股票。

我们要求专业投资者正确看待季度收益报告，它们只不过就是一个数据点。持有股票，而不是短租股票。我们向专业投资者发出倡议，要基于长期思维进行投资决策，即使暂时背离市场，也要坚持这种立场。通常情况下，如果你的投资决策是基于合理、全面的分析，你的客户就会得到长期、合理的回报。

我们还要求投资经理与客户利益保持一致，同比例持有相同的股票。自己做的饭自己也要吃啊。

拥有股票，而不是短租股票。拥抱你的客户，而不是拥抱指数。

我们要求专业投资人不要闭着眼睛瞎买，除非你能算出它有令人满意的安全边际。

投资专业人士必须学会应对华尔街经纪人的诱惑，这些诱惑往往是以有利于客户的方式呈现出来的。当然，华尔街经纪人也为市场提供了有价值的服务。他们为资本市场提供流动性，他们有进取心，有很多创意。但如果你任由他们摆布，他们就会毁了你的投资组合。自从我1973年进入这个行业以来，华尔街的经纪人一直是这样干的，相信在我死后很长一段时间，他们还会这样做。我这么说，你应该知道该怎么做了。

我们建议专业投资人关注"费用"对一项投资的长期复合收益的影响。资管行规收费标准从长远来看是不可持续的，尤其是对冲基金，其费用之高，说出来都脸红。如果你不相信的话，可以算算这笔账：按50年10%的复利计算，如果去掉2%的年费和20%的剩余利润，还剩多少给客户？而这是典型对冲基金的收费方式。我们认为，只有最优秀的对冲基金经理才对得起这样的费用。

向401（k）退休计划发行的产品的费用也很高，通常是每年2%或更高。费用如此之高，按这样的投资收益，投资者不太可能实现他们的长期退休需求。

对于公司高管

本书的案例，连同格雷厄姆的两部经典著作和《巴菲特致股东的信：股份公司教程》，都有对公司高管的评述，从中我们可以看到投资大师对公司管理团队的期待。你可能还会发现，即使是成长型投资者也会更看重高资本收益率，而不是高增长率。你可能还会了解，即便一个傻瓜都可以推动业务的发展，但只有优秀的管理者才能在保持有吸引力的投资资本回报率的同时，实现业务增长。

你还可以学习到，投资人应该更多地专注于公司可持续竞争优势的建立，而不是简单地超越下一季度的收益预期。

公司高管可能会接受这种观点：公司内部投资和并购部门设定的最低预期收益率类似于购买股票时设定的最低预期收益率。高管们应该提前公布他们的（重点是收购方面的）最低预期收益率，并在收购规模调整后，向股东报告收购成效：这些收购是否达成了公司预先公布的预期收益目标？如果没有，原因是什么？

希望读过这本书的公司高管能致力于革新公司的治理。他们的行动（包括将企业合理的现金流用于股息分配）将吸引到正在寻求与公司管理者成为长期合作伙伴的长期投资者。通过研究格雷厄姆的方法，公司高管还可以了解长期投资者的心态，学会将更准确的最低预期收益率指标应用于潜在的收购业务。

对于市场专家

如果你是一个市场专家，你对待投资非常谨慎，每周你都会花很长时间评估你的投资组合，并以此制定下一步行动计划。

如果你就像所描述的那样，那么本书就是为你量身定做的。在进入投资行业之前，我承认自己曾经也是一个市场专家。差不多50年前，我还是一名很嫩的投资者，但那时我已经阅读了所有我能找到的投资书籍，我尝试了所有的交易技巧。我清楚地记得我曾经在1973年使用过一种止损指令。当时我是海军军官，越南战争刚刚结束，我们在返回珍珠港的途中于日本停留。在从日本到珍珠港的10天中，美元贬值了。证券市场先是出现抛售，然后又回升，我的止损指令被激活了。当我回到港口的时候，那些股票又回到了原来的价格，但是我所有的头寸都被卖光了！从那以后，我再也没有用过止损指令。

后来，我才开始慢慢意识到，**投资的概念其实很简单：当伟大公司的股票正以公允价值或更低价格交易时，买入它们即可。然后就不要再管它们了。**

这本书将为市场专家提供他们获得成功所需要的工具，也许它能帮助你比我学得更快。

如果你是一个短线操盘手，你策略的关键是快速交易，那么这本书对你的作用就有限了。格雷厄姆的成长股投资策略是为长线投资者设计的，而非短线操盘手。找到高质量的股票，并通过格雷厄姆的方法为这些股票建立头寸，这个乏味的过程可能会花费你很多时间。但在股票估值、确定股票最佳买卖的点位方面，格雷厄姆公式仍然是一个重要的工具。

把理论付诸实践

本书可以帮助你找到高质量的股票，并在有利的价位买入。要通过格雷厄姆的成长股投资策略取得投资成功，有几个关键步骤务必要注意。下面的内容是格雷厄姆的成长股投资策略的重点回顾。

步骤1 充分重视复利的力量

复利是一个非常重要的投资方法。我们建议每一位读者在投资时把复利表放在手边。

通过复利表，你可以学到很多东西，包括这样一个事实：长期持续的两位数收益率可以让一个人变得非常富有。如果以10万美元为起点，按每年10%的复利计算50年，你的资产将增长到1173.9万美元。通过这个例子，我们也可以做如下推断：很少有人能获得10%或更高的收益，因为很少有人因此致富。

你可以使用复利表来为自己设定一个最低预期收益率，或者利用复利表理解亏损50%而又无法恢复这一灾难。当我们管理的资产规模很大时，它还可以帮助我们充分理解"高"复合收益的重要性。

复利表还说明用波动性衡量风险有多么荒谬。短期内，比市场平均水平多1%～3%的超额业绩很容易就会被市场的波动所掩盖。但如果你每年只看一次业绩的情况，你可能就会想知道为什么要努力获得这1%到3%的收益。因为从长期来看，这些微小的业绩增量将会带来惊人的业绩差异。如果投资者A投资10万美元，年复合收益率10%，那么50年后，他将拥有1173.9万美元。如果投资者B在相同时间段内每年赚7%，届时他的投资组合价值为2 945 670美元。投资者A的投资组合价值将是投资者B的4倍！

复利表还可以说明过高的投资管理费和经纪佣金对最终业绩的致命影响。假设投资者A和B的投资组合在50年内的复合收益率都是10%。投资者A无须支付任何费用，而投资者B每年需要支付1.5%的投资管理费和经纪佣金，他的净收益率最后会降至8.5%。50年后，投资者A的投资组合价值大约是投资者B的2倍。投资管理费和经纪佣金对投资者来说意味着昂贵的成本！

投资者可能还想知道高换手率对投资收益的影响。较高的换手率会带来短期资本利得，与长期资本利得相比，短期资本利得的税率更高，更高的税率会严重拉低长期投资业绩。对那些准备持股50年而无须交纳资本利得税的投资者来说，换手率肯定是越低越好。

步骤2　识别具有可持续竞争优势的公司

为你的投资组合选择股票的第一步是确定哪些公司具有可持续竞争优

势。只有那些有结构性竞争优势的商业模式才会让一家公司在竞争中持续领先。

同时不要把卓越的运营与可持续竞争优势混为一谈。当然,在公司发展和加强竞争优势时,卓越的运营能力必不可少,但就其本身而言,它被独立视为一种可持续竞争优势是不够的,因为如果竞争对手的运营能力也提升上来了,那么公司间的收益差距就会缩小。

寻找那些不仅拥有结构性竞争优势,而且在公司的发展过程中,管理层已经用行动证明愿意付出必要的努力来保持这种竞争优势的公司。其间,如果管理层在公司的方向或收益再投资方面一再失误,那么公司的竞争优势就会被迅速浪费、削弱。如果你投资了一家公司,你就要对这家公司的发展保持持续关注,确保它能继续保持竞争优势。如果你注意到这种优势在逐渐减弱,你就应该在它完全消失之前从容地做出相应的反应。你还需要对行业中的大规模结构性变化、监管或政治体制的变化,或颠覆性技术保持警惕,这些都可能会迅速削弱公司的竞争优势。

步骤 3   用格雷厄姆公式为公司估值

一旦你确定公司具有可持续竞争优势,下一步就是为公司估值,以确定一个可以入手的最优价格。

> 格雷厄姆公式是:
> (8.5 + 2 × 增长率) × 每股收益 = 股票内在价值

在为那些没有增长或增长缓慢的公司估值时,这个公式只需要用一次。成长型公司则需要用两次:计算公司当前的内在价值和未来的内在价值。在前面的案例中,未来的内在价值,是指对公司 7 年后内在价值的预测。

确定当前的内在价值可以让你了解公司当前的状况,它向你展示的是公司的运作方式,这对确定公司的未来价值有帮助。计算未来内在价值可以为你提供一个关键的参考点位，根据这个点位，你可以决定是买进、卖出还是持有股票。

你可以通过分析公司提交给美国证券交易委员会（SEC）的文件（如10k、10q 和代理授权文件）来评估当前的收益情况。在分析了公司的财务状况、全面了解公司的运作情况之后，你就可以对公司未来几年的正常化每股收益和可行的增长率做一个合理的估计。建议投资者参照当前的经济周期调整后的、过去 12 个月的收益。通过将当前的收入"正常化"，我们就可以降低在利润周期性高峰时买入一家公司或在利润周期性低谷时卖出一家公司的可能性。它还能帮助你更好地关注公司的长期增长，而不受当前经济或行业状况的影响。

我们建议投资者为每一家标的公司都建立一个 7 年期的财务模型。在分析一家公司时，我们经常会使用这三张报表：利润表、现金流量表和资产负债表。我们会评估公司管理的质量，测算公司的规模、行业的规模和增长潜力，并以此确定潜在的利润率。只有在我们充分了解公司的商业模式和财务回报之后，我们才能对未来 7 年的收益做出合理的预测。考虑到经济增长率下降的因素，对任意一家公司 7 年后的预期增长率，我们选择"冻结"为 7%。

公司的内在价值和股票价格很少能够保持同步，但随着时间的推移，股价迟早会与公司的内在价值相匹配。正如格雷厄姆所说："股票市场短期是一个投票机，长期是一个称重机。"只要公司的基本表现符合或接近我们原来的预期，那么投资成功就只是一个时间和耐心的问题。成长型公司的内在价值完全取决于它的未来。

步骤 4 最低预期收益率

为了成功投资，你需要决定——为了达到你的财务目标，你需要什么样的收益？这就是你的最低预期收益率。"最低预期收益率"是你希望从每只股票中获得的年平均复合收益率。为实现你的财务目标，最低预期收益率是你决定买入每一只股票所需支付的价格的关键因素。

你的目标越是雄心勃勃，你的最低预期收益率就越高。不同投资者的最低预期收益率可能有很大差异，这取决于每个投资者的目标。保守的投资者或短期投资者可能会对5%或更低的最低预期收益率感到满意；更激进的投资者的最低预期收益率可能是8%或10%；只有少数有投资气质、投资悟性的投资者才可能会争取将最低预期收益率提高到10%以上。

设定最低预期收益率的两个关键是你的投资需求和你实现这些目标的能力。为了弥补惨淡、漫长熊市中毫无回报的等待周期，在设定最低预期收益率的时候，你应该在既定的长期预期收益率上多加2%。最低预期收益率对每一个买入决定来说都很重要，因为它将决定你的买入价，以及你想要实现的收益率。

步骤5　建立安全边际

每次决定买入一只股票时，一定要确保拥有安全边际。"安全边际"通常是指股票内在价值与交易价格之间的差额。换句话说，如果一只股票的交易价格远远低于其内在价值，那么它就有很大的安全边际；而如果一只股票的交易价格等于或高于其内在价值，那么它就没有安全边际。相对于股票的内在价值，你买得越便宜，你的安全边际越大。购买有安全边际的股票并不能保证你不会有损失，一家公司会因为各种各样的原因失宠，交易价格也会因此远低于此前的水平，但安全边际可以使你有更好的机会避免损失。

对个人投资者来说，安全边际可以通过严格的定量分析得到，但你必须按本书的要求去做。当你有足够的经验之后，就可以通过定性来决策。在购买股票前，一定要确保你的心里有一种"温暖而舒服的感觉"。

那些想成为伟大投资者的人都明白，每次新的买入都有孤注一掷的感觉。就像打高尔夫球一样，你的最后一杆和你的下一杆没什么关系。当你投资的时候，你一定知道，一系列成功的投资并不意味着下一个也会成功，一连串的失败也不意味着下一个还会失败。但只要你坚持格雷厄姆的原则和方法，在通常情况下，下一次投资你就会做得更好。无论先前的结果如何，优秀的投资者都会坚持为下一个买入计划留有足够的安全边际。

你应该持有多少股票？这取决于你为每次买入都能建立足够安全边际的能力。

格雷厄姆建议，一个准确的安全边际必须基于对公司真实价值的判断，因此投资者需要对公司连续几年的业绩进行综合评估——"最好包括一段不正常的业务时期"。

为成长型公司设定安全边际，我们遵循三条关键原则：

1. 知道你拥有什么。
2. 预测合理。
3. 有一个合理的最低预期收益率。

对于价值型公司，你可以通过以低于内在价值的价格购买股票，从而获得安全边际。但对于成长型公司，投资者需要将公司未来的价值考虑进来。成长型公司的安全边际的计算基础不应该是股票当前的内在价值，而应该是公司的未来价值。当为所买股票设定安全边际时，我们的判断基础是对公司 7 年后内在价值的判断

多年来，我们公司一直使用 12% 的最低预期收益率。即使最后离目标差了一点，只得到了一个 10% 的收益率，但我们仍然可以获得一个合理的利润。

虽然不能每次都能如愿达到目标收益率，但如果你是以比较保守的内在价值为基础建立未来 7 年的财务模型，如果你为每一个买入的股票都预

留了足够的安全边际,那么,你成功的概率将会大大提高。

步骤6 利用好"市场先生"

"市场先生"的行为特征给精明的投资者提供了一系列以有吸引力的价格买入股票的机会。看到价格下跌就买进,这种能力让我们的投资更加灵活——利用价格下跌的机会,以有吸引力的价格买进股票。

但"市场先生"的行动也诱使我们无谓地抛售头寸。投资者很容易因市场的日常波动分心,精明的投资者在对待股票市场波动的态度上需要"双重标准"。投资者应该在买入股票时利用市场的波动性,但在其他时候,投资者应该忽略市场波动而专注于股票背后公司基本面的发展。要做到这一点,投资者需要严格的纪律和充足的准备。

只有当股价上涨到威胁到安全边际时,投资者才应该考虑卖出股票。

格雷厄姆深刻地观察到,一家公司的内在价值和它的股价经常会产生很大的差异,这是投资成功的关键因素,虽然这两者往往很难区分。股价因为坏消息而大幅下跌,对投资者来说就是一个特别重要的机会。假若此时能够保持头脑清醒与决策理智,投资者就会获得巨大的收益。

如果你想在投资领域取得成功,你必须了解内在价值和股价之间的区别。当股价下跌时,不管是什么原因,我们一般都会感觉不好;但从另一个角度看,股价更便宜了,而且我们的安全边际也在增加。当股价上涨时,我们感觉更好,但我们的安全边际却变小了。

我们坚信,那些能够区别股价和股票背后公司的内在价值的投资者,有着更加坚实的成功基础,至少超过了75%以上的普通投资者。充分利用"市场先生"可以帮助你以最好的价格买到好股票。

步骤7 跟着时间,遵循策略,逐步建仓

你可以借助华尔街带来的波动性来逐步建立你的头寸。如果你持有某

只股票的头寸，你可以在股价下跌时寻找合适的时机来增加头寸。跟着时间，逐步建仓，这给了你一个机会考察公司管理团队的能力。如果管理层始终都能如期达到其里程碑，坚持其商业模式，保持其竞争优势，并贯彻其商业计划，那么当机会出现时，你将更有信心增持其股票。

长期投资者可以利用市场的波动建立股票头寸，当股票价格上涨时，以便宜的价格持有，在价格下跌时买入更多。

这个策略和它看起来一样简单，但执行起来却需要严格的纪律。使用格雷厄姆估值公式，并建立一个未来7年的内在价值表，将给你一个价值成长的参考点，可以帮你控制情绪、着眼长远。你可以利用"市场先生"的短期反应，以公平或更低的价格增持那些优秀的公司。在罕见而可怕的金融危机中，你将有机会以极低的价格买入那些伟大的公司。这被称为"合法抢劫"。

步骤8　长期投资

股票每天都在交易，但它们是长期资产。在短期内，股票的市场价格是随机的。从长期来看，它们的效率又是无情的。

如果你想长期投资，或许你永远不应该去买股票，除非你有长期持股的打算。

步骤9　克服外部影响

从业余菜鸟到职业人士，每个投资者在自己的投资生涯中都会受到许许多多外部因素的影响。金融机构会向你出售非必需的奢侈品；经纪人会设法把你的钱投出去，直到花光为止；你的家人会给你不好的建议；每天媒体新闻的标题会把你引向错误的方向。

每个投资者在投资时都会遭受生理和情感因素的双重影响，但这就是我们人类生存的环境。

最优秀的投资者都应该学会专注于什么是重要的事情，而忽略其他噪声。所有想要提高投资效率的人也都必须学会掌握这一技能。

每个人都可以获得投资成功

公开股票市场一个奇妙的特点是人人都会赢。市场好的时候，水涨船高，可以让所有的参与者获利。但是，想要持续获得投资成功，投资者还必须有合理有效的投资方法。了解"市场先生"和安全边际，是投资者成功投资的坚实基础。

使用这种方法的最大好处可能是它让充满了挑战的投资变得更加简单。一旦你确定了你想要买入股票的价格，其他一切都变得不重要了——包括市场、经济、家人或朋友的建议，甚至你自己的情绪等。

在1984年《哥伦比亚商学院杂志》上发表的文章中，巴菲特描述了他的同事沃尔特·施洛斯的投资技巧。沃尔特·施洛斯，20世纪50年代，巴菲特曾在格雷厄姆－纽曼公司与其共事，他也是格雷厄姆的追随者。巴菲特说："他知道如何识别那些以远低于其价值的价格交易的证券，他每天都在做这个。他不担心今天是不是一月份，今天是不是星期一，他也不担心今年是不是选举年。他只是简单地说，如果一个企业值1美元，而我可以用40美分买到它，那么就会有好事发生在我身上。这样的事情他做了一遍又一遍。他拥有的股票比我多得多，他甚至对公司做什么都不感兴趣。我对沃尔特的影响似乎不大。这是他的长处之一——没有人能够影响到他。"

如果你能通过客观、冷静的分析和计算，应用本书强调的投资原则，你将避免许多外部影响（它们往往会干扰投资者选股的过程），作为成长股的投资者，你也将因此终身受益。

|附 录|

把你的钱租出去

投资的真正价值是什么？是投资给你带来的未来现金流的现值。相比你现在口袋里的钱，一年后的等量现金流价值要小很多，一是因为未来现金流价值具有不确定性，二是因为"出租"行为，你推迟了这笔现金的其他用途，造成了一定的机会成本。

当评估一项投资的价值时，我们对收益率的最低要求是每年12%，这也是我们要求的年"租金"标准，这个收益或"租金"是对我们的投资风险和延迟使用本金的补偿。按照12%的最低预期收益率，现在的100美元到明年必须涨到112美元（最初的100美元加上12美元的租金），才能证明这项投资或出租行为是理性的。公式如下：

现在	→	1年后
现值：	现值×（最低预期收益率+1）	=未来价值
$100	$100×（0.12+1）	=$112

你可以通过下面的方程来计算：

$PV\,(\$100) = FV_{1\,yr}\,(\$100 + \$12)$

$PV\,(\$100) = FV_{1\,yr}\,(\$100 \times 112\%)$

这意味着现在 100 美元的价值和 1 年后 112 美元的价值是相等的。

要确定一项投资 1 年以上的未来价值,只需重复上述过程即可。例如,如果你把钱租出去的最低预期收益率或租金率是每年 12%,那 1 年至少要有 12 美元的收益你才会把手里的 100 美元租出去。第 3 年,你会收取 125.44 美元的 12%,即 15.05 美元。公式如下:

现在	→	3 年后
现值:	现值 +3 年的租金	= 未来价值
$100	$100×[(0.12+1)×(0.12+1)×(0.12+1)]	=$140.49

你也可以用以下方式来计算:

$$PV(\$100) = FV_{3\,yr}[\$100 + (\$12 + \$13.44 + \$15.05)]$$

$$PV(\$100) = FV_{3\,yr}[\$100 \times (112\% \times 112\% \times 112\%)]$$

$$PV(\$100) = FV_{3\,yr}[\$100 \times (112\%)^3]$$

关于上述方程,有两点需要注意:

第一,因为每年都有更多的钱被"租出去",所以每年到期租金都会增加,这也是复利的力量。第二,注意最后一个等式,112% 的乘方指数是 3。它是 3 年全部租金的简化计算方式,相当于 112% × 112% × 112%。例如,按 12% 的最低预期收益率,将 100 美元出租 2.5 年的未来价值可以写成 $100 \times (112\%)^{2.5}$,即 132.75 美元。

未来现金流现值的计算

反过来操作,我们可以计算未来现金流折现到现在的价值。

同样使用 12% 的最低预期收益率,1 年后 100 美元现在值多少钱?前面,要计算 100 美元 1 年后的价值,我们是将 100 美元乘以 112%。现在要反过来算,即用 100 美元除以 112%。计算等式是这样的:

现在		←	1年后
现值	= 未来价值 ÷（最低预期收益率 +1）		未来价值
$89.29	=	$100 ÷（0.12+1）	$100

这个等式也可以这样表述：

$$FV_{1\,yr}(\$100) = PV(\$100-\$10.71)$$
$$FV_{1\,yr}(\$100) = PV(\$100/112\%)$$

在这种情况下，10.71 美元是 89.29 美元的 12%，也就是说 89.29 美元以 12% 的利率借出 1 年的租金是 10.71 美元。

和最后一组方程一样，你可以简单地重复这个过程来计算几年以后现金流在当下的价值：

现在		←	3年后
现值	=	未来价值 ÷ 3 年的租金	未来价值
$71.18	=$100÷[（0.12+1）×（0.12+1）×（0.12+1）]		$100

也可以用下面的公式来表述：

$$FV_{3\,yr}(\$100) = PV[\$100-(\$10.71+\$9.57+\$8.54)]$$
$$FV_{3\,yr}(\$100) = PV[\$100/(112\%\times 112\%\times 112\%)]$$
$$FV_{3\,yr}(\$100) = PV[\$100/(112\%)^3]$$

证券价值计算

利用这些方程，如果你可以预测证券在未来支付给持有者的现金流，那么把这些所有未来现金流的现值加起来的过程就是一个简单的数学运算。这些现金流现值的加总就是证券的价值。例如，如果一份 3 年期债券每年支付你 10 美元的利息，3 年之后，归还本金 100 美元，这份债券的价值（使用 12% 的最低预期收益率）就会是：

未来租金的现值计算

第 1 年	第 2 年	第 3 年	
$10/112%$ +	$10/(112\%)^2$ +	$110/(112\%)^3$ =	↓
$8.93 +	$7.97 +	$78.30	= $95.20

衡量一只股票的价值需要两种额外的见解。首先，股票未来现金流的价值是不确定的，因此，在计算股票价值之前，必须对未来现金流进行估计（保守估计）。其次，理论上，股票会产生无限的现金流，如果按前面的方法类推，计算这些无限现金流的现值，其过程未免繁杂。在这里我们推荐一个简化的公式。

举个例子，假设一只股票的股息是 5 美元。股息每年增长 5%，第一年是 5 美元，第二年是 5.25 美元，以此类推。最低预期收益率仍然是 12%。不用推导，我们就可以用下面的公式算出所有股息的总价值：

现值	=	下一年分红	÷	（最低预期收益率 − 增长率）
$75	=	$5.25	÷	（12%−5%）

可以概括为：

$$PV = [D_{0\,yr} \times (1 + g)] / (k - g)$$
$$PV = D_{1\,yr} / (k - g)$$

式中　PV——现值；

　　　D——股息；

　　　g——增长率；

　　　k——最低预期收益率。

这个公式被称为戈登增长模型，通常用来计算股票的最终价值。下面这个例子可帮助我们理解这一点。假设一位分析师预测未来 3 年的股息为 1.15 美元、1.00 美元和 1.25 美元，然后假设股息会以 5% 的速度稳定增长，直到无穷大。通过戈登增长模型，可以得出这只股票的价值：

	第1年	第2年	第3年	第4年至无限未来	
分红	$1.15 +	$1.00 +	$1.25 +	5% 年增长率	= ↓
现值	$1.15/112% +	$1.00/(112%)² +	$1.25/(112%)³ +	[$1.31/(12%−5%)]/(112%)³	= ↓
合计	$1.03 +	$0.80 +	$0.89 +	$13.32	= $16.03

以上是通过对未来现金流的折现评估当前的内在价值，其使用的公式被称为未来现金流贴现模型或 DCF 模型（见第 3 章）。它可以用来评估各种投资的价值，从股票、债券到公司内部的项目，这也是财务分析的基石。

使用这个模型，可以将股票的价值分到不同的时间段来分别计算。例如，你可以先评估前 10 年现金流的价值，再计算后面所有现金流的价值。

成长股与价值股

为了证明这一点，下面我们拿两只股票进行比较。一个是成长型股票，另一个是价值型股票，分别用 G 和 V 来表示。

假设 V 每年固定支付 10 美元的股息，但从不增长；G 每年支付 5 美元的股息，股息每年增长 4.75%。如果最低预期收益率（或租金收益率）每年是 10%，那么，按前面我们提到的戈登增长模型，这两只股票的估值结果都是 100 美元：

$$V = (\$10 \times 100\%) / (10\% - 0\%) = \$100$$
$$G = (\$5 \times 104.75\%) / (10\% - 4.75\%) = \$100$$

另一种方法是把每年股息的价值加起来。对价值股，就像这样：

$$V = \$10 + \$10/(110\%)^1 + \$10/(110\%)^2 + \$10/(110\%)^3 + \cdots$$

对成长股，是这样的：

$$G = \$5 + \$5.24/(110\%)^1 + \$5.49/(110\%)^2 + \$5.75/(110\%)^3 + \cdots$$

这里股息的增长率为 4.75%。

用图来表示更简单、清晰。V 的未来现金流走势如图 A-1 所示。

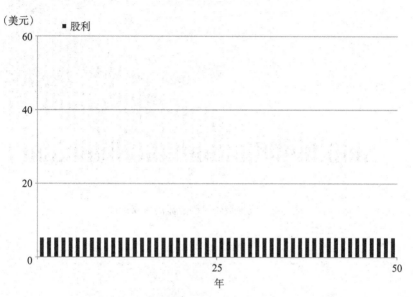

图 A-1　价值型公司现金流的未来价值

G 的未来现金流走势如图 A-2 所示。

价值股最初股息较高，但相同价值的成长股在未来有更高的股息。它们具有相同价值的原因是，较早的股息比较晚的股息更有价值。如果你观察图 A-1 和图 A-2，并将每年的股息折现（就像前面给出的最新一组算式那样），那么 V 的股息现值走势就如图 A-3 所示，而 G 的股息现值走势则如图 A-4 所示。

两张图的最后一列表示的是终值，是第 51 年到未来无限年期间所有股利的现值之和（按 $PV = [D_{0\,\text{yr}} \times (1+g)]/(k-g)$ 公式计算）。

这是 G 和 V（我们的成长型股票和价值型股票）之间的一个重要区别。

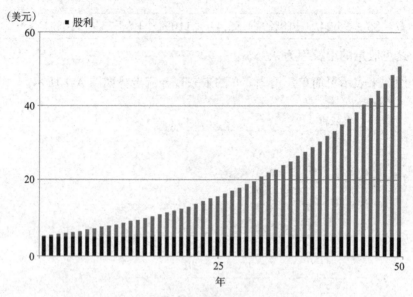

图 A-2　成长型公司现金流的未来价值

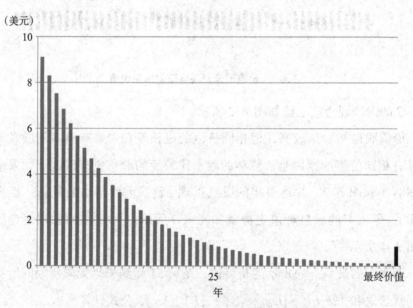

图 A-3　价值型公司未来现金流的折现值

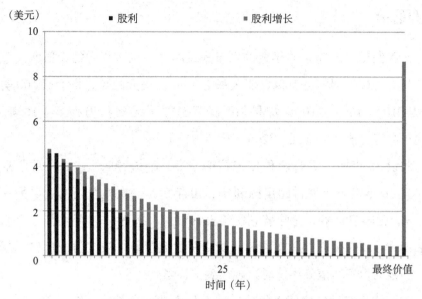

图 A-4 成长型公司未来现金流的折现值

虽然成长股现在分给你的钱比较少，但它将来会给你更多的钱，也因为未来有更高的股息支付，因而成长股更有价值。价值股每年支付给你数额相同的股息，假设最低预期收益率永远不变，那么它的价值也永远是一样的。换句话说，价值股的大部分价值来自未来几年的股息。但是，要持续地获得最低预期收益率，你必须把这些股息进行再投资，且再投资还必须获得相同的收益率。那么风险来了，这样的机会不是一直都有的。这种风险被称为再投资风险，从这个角度上说，价值股比成长股有更多的风险。

因此，尽管成长股每年也会派息，也存在一定的再投资风险，但因其总额较小，因而再投资风险不如价值股的大。成长股的收益率更多地取决于公司自身内在价值的增长，对宏观经济大环境下的外部再投资机会的依赖较小。

债券估值

让我们用一个简单的年金的例子来说明这一点。年金的价值取决于现有的利率。如果利率是10%，那么每年支付10美元的年金将价值100美元（因为 $100 \times 10\% = \$10$）。如果利率降至5%，年金每年仍然支付10美元，这笔年金将价值200美元（$200 \times 5\% = \$10$）。

假设30年期债券有两种传统结构。第一种债券叫C，是一种附息债券，在30年里每年支付固定的利息，30年后，一次性偿还本金。另一种债券Z，是零息债券，意味着它每年没有派息，只是在30年后按一个固定金额赎回。Z的投资者最初支付的价格明显低于最终被支付的价格，就是说，当她的投资增值到终值时，她得到了补偿。

在评估现实世界的债券价值时，不仅要考虑当前的利率，还有每次付息时的利率，以及债券到期收回本金时的利率。如果在债券C的期限内，利率上下波动很大，那么，票息进行再投资的利率将面临更大的不确定性，而且从现在开始的30年里，初始投资的总价值是很难预测的，因为在30年里进行的利息再投资收益是不确定的。债券Z则不容易受到这种变化的影响，所以其30年后的价值更容易预测，但它在期末仍然还需要进行再投资，其价值取决于当时的利率。

一种衡量债券再投资风险的指标，叫作久期。久期可以衡量债券价格对利率变化的敏感性。对久期的另一种解释是购买债券时你将得到的折现现金流的加权平均期限，期限是指某笔付款之前的时间长度。债券Z的久期是30年（30年后支付一次），而根据票息、本金和现行利率的不同，债券C的久期可能在15年左右。

从本质上说，较短的久期表明债券投资的最终总价值更多地取决于当前宏观经济环境中的短期再投资机会。而更长的久期意味着再投资机会的短期波动对债券最终价值的影响很小（但若该债券被清算而不是被持有，就可能对影响未来预期的短期波动更为敏感，因为那些短期波动往往会影响到彼时的定价）。

成长股的优势

回到股票 G 和 V，很明显 V（价值型股票）的久期更短，投资于它的最终价值更依赖于再投资机会，而 G（成长型股票）的久期较长，它的价值更依赖于其自身的内在价值增长。

这是一个非常重要的区别。如果 V 的价格上涨，而整体经济提供的投资机会吸引力下降，V 的长期投资者就将被迫评估其他股票或其他资产类别（如现金、债券，甚至更奇怪的投资标的），或者以虚高的价格重新投资于 V（但这将破坏其全部投资的价值）。如果整体经济存在明显的不确定性，在所有资产类别中，V 的投资者可能会发现他没有任何东西可投了，如果考虑到通货膨胀的威胁，持有现金都不可取。

而 G 的长期投资者，尽管在一定程度上也会受到再投资的影响，但他更多地依靠公司内生的成长机会。投资于 G，可以做自己命运的主人，而 V 的投资者更依赖于变幻莫测的经济和市场。如果有更好的市场机会，价值型股票和成长型股票的投资者都可能受益；如果没有更好的投资机会出现，成长型股票的投资者则可以更好地得到他们所理解的长期价值投资的保护。

贯穿本书的核心论点之一就是：与评估世界宏观经济的复杂性相比，在对少数几家高质量、成长型公司长期价值的评估上，勤奋、精明的投资者可能会更有胜算。也正因如此，他们才会把自己的时间、精力和金钱投入到这些具有长期价值的投资机会中去。

关于作者

40年来,正是根据本杰明·格雷厄姆投资哲学的指导,弗雷德里克·马丁得以跻身美国长期表现最佳的基金经理之列。Disciplined Growth Investors(DGI)公司总部位于明尼阿波利斯,作为首席投资官,马丁已经为他的客户创造了连续30多年、两位数的年平均收益率。马丁曾在达特茅斯学院获得学士学位,在塔克商学院获得MBA学位,之后在美国海军服役了4年。1973年,马丁在明尼阿波利斯的美国西北国家银行担任股票分析师,从此开始了他的职业投资生涯。1978年,他搬到芝加哥,加入了Mitchell Hutchins资产管理公司的一个分支机构(后来成了Paine Webber Inc.的子公司)。1984年,马丁牵头将Midwest的办公室从芝加哥迁至明尼阿波利斯。到1996年,马丁负责的Midwest明尼阿波利斯分支机构管理的资产规模超过20亿美元。1997年,马丁参与创立了DGI公司。2001年,马丁成为DGI的大股东,此后一直担任总裁和首席投资官。目前DGI管理资产的规模已经超过25亿美元。马丁一直把自己定位为一位严格恪守安全边际的飞行员。他还积极投身公益,资助了很多不幸的人。